Creative Chengdu
创意成都
2014

读城 编著

成都传媒集团 成都时代出版社

创意成都 美好生活

图书在版编目(CIP)数据

创意成都 / 读城编著. -- 成都 : 成都时代出版社,
2014.9
ISBN 978-7-5464-1272-6

Ⅰ.①创… Ⅱ.①读… Ⅲ.①地方文化-文化研究-成都市 Ⅳ.①G127.711

中国版本图书馆CIP数据核字(2014)第200993号

创意成都
CHUANGYI CHENGDU

读城 编著

出品人 石碧川
策 划 韩 毅 李文凯
统 筹 付 强
责任编辑 李卫平
责任校对 张 巧
美术装帧 杨 焰 王艳飞
制作设计 《读城》杂志 (028) 86782262
责任印制 干燕飞

出版发行 成都传媒集团 成都时代出版社
电 话 (028) 86619530 (编辑部)
(028) 86615250 (发行部)
网 址 www.chengdusd.com
印 刷 四川新财印务有限公司
规 格 140mm×210mm
印 张 10
字 数 380千
版 次 2014年9月第1版
印 次 2014年9月第1次印刷
书 号 ISBN 978-7-5464-1272-6
定 价 38.00元

目录 CONTENTS

创意故事

成都创意机构与人物

Creative Story

目录 CONTENTS

Creative: The city light of creativity and implication
创意：创新与意蕴的城市之光

暮光顿倦
金色侵入虔诚的暖坡
夜晚年轻
翅膀羽黑平台和屋顶
随着白日悄悄轻轻远走的城市
你是我们的
像天上水中闪亮的星星

The twilight looks tired,
the warm slope is wearing a golden clothes.
The night comes,
as the dark wings covering the platform and the roof.
The city is slipping away quietly with the day.
You belong to us,
just like the stars reflected by the water.

阿根廷作家博尔赫斯把这首饱含深情的城市颂诗献给深爱的故乡布宜诺斯艾利斯，布宜诺斯艾利斯之于他，就像瓦尔登湖之于梭罗、茵纳斯弗利岛之于叶芝、桃花源之于陶潜，诗人们寄托了自己对诗意生活的理想向往。博尔赫斯把对城市故乡的眷恋化

Jorge Luis Borges, an Argentine writer, dedicated this passionate city ode to his beloved hometown-Buenos Aries. As Thoreau to Walden; Yeats to Yin, Foley Island; Qian Tao to the Peach Garden, the writer placed the ideal yearning of city life into poets. Borges put homesickness into soft poem, outlining the city's graceful vitality with sincere emotion. In this poetry, the city, full of buildings, is

作轻柔的诗，用诚挚的感情勾勒出城市的曼妙生机。在这里，城市不是作为乡村的对立面被僵硬地披上钢筋水泥的外衣，城市作为现代产业的空间集聚，正被一湾温度适宜的深情拥抱在怀。一座城市真正拥有的财富，除了来自游子对故乡记忆的文化积淀，还有来自居住者引领时代潮流的创意馈赠。如果将城市比作浩瀚夜空，产业比作璀璨星辰，那创意正是让这些星星得以闪耀的光明。星星密布于夜空之中，创意闪烁着产业之光，辉映成梦幻般美好的城市意蕴。

城市以创意而出彩，不只因为创意有着夺人眼球的新鲜感、超越常规的生命力，更在于创意有着辽阔的内涵和灵动的深刻，是城市充满勃勃生机的生命印证。城市创意滋生于城市的文化土壤，勾勒出城市从过去、现在到未来的生生不息。可以说，创意本身

depicted as the opposite of the countryside. However, as a space to gather modern industry, the city is embraced by a warm and affectionate hug. A city's real wealth is not only from the cultural accumulation in a traveler's memory, but also from the residences' creative trend-leading gift. If we imaging the city as the vast night sky and the industry as the star, creativity is the light source that lightens the shining stars. With numerous stars shining in the night sky, and creativity reflecting the light of the industry, a fantastic city landscape is presented in front of us.

Creativity brings brilliance to the city, not only because of its eye-catching freshness and its superb vitality, but alsobecause of its vast connotation and profound impression. It symbolizes a city's life. Coming from its culture, urban creativity outlines the city's past, now and future. Creativity is arguably the most valuable innovation factor of a city's culture, for it constantly promotes a city's initiation, development and maturity of creativity developmnet and sublimation of life. Therefore, it is capable of circumventing such historical catastrophes as industry recession, environmental

就是城市文化基因中最宝贵的创新因子，推动着城市不断经历萌生、发展和成熟的创新跃进和生命升华，而得以规避产业衰退、环境衰败和生态泯灭的历史厄运。

创意是城市内在挣扎、自动修复、自我完善的生态觉醒。自工业革命以来，机器大生产与人口快速增长将一张无序、呆板的密网罩向人类城市，人逐渐异化为机器时代苦闷、压抑的悲剧主角。人类开始寻找与自然契合的良机，开始向往返璞归真的天然生活，开始回归原生的心灵世界，这是人类对机器大生产导致文化缺席与功利盛行的反叛。这种反叛可以变成智者笔尖心头的“乌托邦”，可以变成仁者身体力行的“伊甸园”；这种反叛可以变成隐者遥不可及的梦中仙境，可以变成凡人归于平淡的消极避世。但无论如何，这种反叛不该是历史的退守

deterioration and ecological disasters.

Creativity is the ecological awareness of a city, which consists of inner struggle, self-repair and self-improvement. Since the industrial revolution, the mass production of machine and rapid population growth has been covering the human city like a disorderly and inflexible dense net, gradually alienating us into the tragic protagnists in this machine age. People started to look for opportunities to integrate with the nature, look forward to a simple and natural life, and return to their original state of mind indicating a rebellious action against the current cultural drawback and the prevalence of utilitarianism induced by mass machine production. This rebellion could become wise people's Utopia, benevolent people's Garden of Eden, hermits's unreachable dreamland, the mortal's negative masquerade. But somehow, this rebellious action shouldn't be a historical retreat, nor a simple repeat, but rather be a traditional inheritance and future innovation. The most advantageous weapon of this rebellion is to endow a city with "creativity" to pursue its revival. Like famous economist Wuwei Li said, "Creative city is a mode capable of

和简单的重复，而应该是传统的传承与未来的创新。这种反叛最有力的武器就是赋予城市“创意”的魂魄，追求创意城市的历史新生。正如著名经济学家厉无畏所言，“创意城市是一种推动城市复兴和重生的模式。它强调消费引导经济、以科技创新和文化创意双轮驱动经济发展。在全球性竞争日趋激烈、资源环境的约束日渐增强的形势下，它使地方城市从主要依赖自然客体资源的发展转向着重开发人类主体资源，努力解放文化生产力，重塑城市形象，再获生机，实现持续发展的战略转型。”可见，从“城市、自然、人类”到“城市、产业、人居”，再到“城市、创意、发展”，创意城市的出现是城市发展到一定历史高度的必然选择。

一般认为，人类自觉推进城市化进程与英国工业化历史相联系，开

promoting a city’s revival and rebirth. It emphasizes economic development co-driven by the economic, scientific, and technological innovation and cultural creativity . Given the ever growing global competition, and resources and environment constraints, it leads the local city to develop from a mode mainly relying on natural resources to a mode focusing on our main resources, making efforts to liberate the cultural productivity, reshaping the city’s image, regaining city vitality, and realizing a sustainable development strategic transformation. ” As you can see, from the "city, nature and human" to "city, industry, residence," and then to "city, creativity, development", the emergence of creative cities is the inevitable choice when a city reaches certain historical phase.

It is generally believed that humans’ conscious promotion of urbanization was associated with the British industrialization dating back to the late 18th century, before which the urbanization was conducted in the form of natural evolution. From then on, the urbanization has experienced rapid development, becoming the main target and important means. The ever increasing speed, together with the ever expanding

始于18世纪下半叶，在此之前的城市化生长是自然演进的。从那时起，城市化经历了迅猛的发展，成为一个国家社会经济发展的主要目标和重要手段，速度越来越快，规模越来越大，城市问题病也越来越多。从世界城市进程的总体层面来看，城市分为商贸城市、工业城市、商务城市和创意城市四种形态。中国的城市化运动正同时经历着一次城市化和二次城市化转化过程。一次城市化是推动田园乡村向都会城市转型的初次城市化。二次城市化指那些已经完成初级城市化的地区，要进行城中村的改造和旧街区的重整，要进行聚集要素的提升和产业结构的升级，要从支撑商贸城市的农业创新和工业创新与支撑工业城市的工业创新过渡到支撑商务城市的信息创新和支撑文化城市的创意创新。许多城市在二次城市化进程中，选择了商务城市化的发展道路。于是，旧建

scale, brings more and more urban diseases. Judging from the overall city process worldwide, cities can be put into 4 categories: commercial and trade city, industrial city, business city and creative city. China's urbanization movement is experiencing a transformation process of both primary urbanization and secondary urbanization. The primary urbanization is to change rural village into urban city; while the secondary urbanization refers to the process to reform the village inside the city having competed the primary urbanization process to gather the promoting elements and the upgrading industrial structure, in order to complete the transition form agricultural innovation and industrial innovation which supports commercial and trade city, to information innovation which supports business city and creative innovation which supports creative city. During the secondary urbanization process, many cities chose the business urbanization path. Thus, the demolition of old buildings, the relocation of the indigenous people, the construction of CBD and financial streets, squares and broad roads have caused a sorrowful scene that every city in China looks pretty much

筑的拆迁，原住民的搬迁，商务区、金融街的营建，大广场、宽马路的铺设，酿成了大多数城市“千城一面”的悲哀。当前，中国许多城市处在二次城市化阶段，到底是往商务城市转型，还是向创意城市拓展，这是许多城市决策者必须面对的战略方向选择。

现在，文化创意产业成为创意城市关注的现实和打造的重点。文化创意产业赋予城市以新的生命力和竞争力，纾缓城市发展的难题与困境。创意城市文化创意产业发展的温床，通过文化遗产的保护、文化资源的开掘和文化资本的利用，通过创意人士的吸引和创意阶层的集聚，推动文化创意产业的发展和勃兴；创意城市是承载创意经济的空间载体，通过发达的文化创意产业，以文化创意、符号价值、象征管理、故事驱动的新模式推进更为广泛的经济连接。放眼全球，

the same. At present, many cities of China are in the phase of secondary urbanization, and are at a crossroad, where they are faced with two choices—business city, or creative city? This choice regarding which strategic direction to take is the problem that many urban policymakers must face today.

Nowdays cultural creative industry has become a key point to build a creative city. The creative industry endows a city with new vitality and competitiveness, and relieves the problems and dilemma of city development. Creative city is the hotbed for the development of cultural creative industry. Through cultural heritage protection, cultural resources exploitation and cultural capital use, by attracting creative talents and gathering creative professionals, we can promote cultural creative industry development and help to realize its prosperity. Creative city is the space carrier of creative economy, with the help of a developed cultural creative industry, by means of new modes, such as cultural creativity; symbolic value; symbol management; story-driven mode to push forward a more widespread economy link. Across the world, those top international

那些名列前茅的国际城市无不具有发达的文化创意产业，并通过文化创意产业支持了其他产业的创新，发展成为新经济的创意城市，比如美国的奥克兰、西班牙的毕尔巴鄂和德国的鲁尔区，在迪士尼的主题乐园、古根海姆的现代艺术和工业遗产的艺术创意的创新推动下，城市再一次焕发生机，开拓创新蓝海。更为重要的是，由于文化创意产业的发展，人们原创能力大大提高，创新观念加速更新，创意能量四处涌动，城市丰富多彩的生活和千姿百态的行业都实践着无限可能的创意行为。

创意城市的形成需要高新技术的运用、创意人才的汇聚、包容环境的营造、产业模式的设计，以及文化资源的开发等构成文化产业钻石要素模型的多种创意要素的立体驱动。根据台湾亚太文化创意产业协会的研究，

cities all boast developed cultural creative industry. Meanwhile, the development of their cultural creative industry also supports the innovation of other industries, which in turn help those cities to develop into creative cities with the new economy. as Among them are Oakland in USA; Bilbao in Spain and the Ruhr area in Germany. Under the promotion of theme parks in Disneyland, modern art of the Guggenheim and industrial heritage innovation, the cities have acquired a brand-new look. More importantly, With the development of cultural and creative industry, people's original creative ability is greatly improved, and the innovation and acceleration of creative concept have been updated. Under such circumstances, creative atomosphere pervades the society and creative activities, with their infinite possibilities, are being practiced both in the colorful city life and all walks of lives.

The formation of creative city requires the use of high-tech, creative talents, environmental tolerance building, industrial model design and cultural resources development, which are the essential factors to drive a variety of creative models. According to the research of Taiwan Cultural

一个创意城市必须得到文化硬实力和文化软实力的两力支持 其中，文化硬实力包括城市基础实力、财政实力、文创实力和产出实力；文化软实力包括文化支持度、文化内涵度、文化创造力、文化发展力、文化融合度和文化影响力。创意城市依凭自身所拥有的资源禀赋，结合城市的发展趋势，融合创新，综合配置，系统整合，构建独具特色的城市发展的创意图谱。

事实上，创意城市没有空间上的地理范围，没有人口上的规模标准，没有经济上的单一指标，只有时间上的历史沉淀，只有当下百姓的身心体验，只有综合性的价值评估。每一座城市都有自己独特的文化底蕴与发展历史，表现在物质上的城市样貌，也显露在行为上的生活形态，更浸透于精神上的价值观念。这些都是创意的原动力，也是产业的加值力，更是城市的复

Creative Industry Association, in support of creative city, both hard strength and soft strength of cultural forces must be obtained. The hard strength includes city foundation, financial power, cultural creative power, culture development and output; and the soft strength includes cultural support, cultural connotation and creativity, cultural fusion, and cultural influence. Relying on its own resources, and combining the development trend, creative cities realize integrated innovation, comprehensive configuration and system integration, to draw creative maps with their unique characteristics.

In fact, creative city does not have geographic range in space, population criteria, nor single economic indicator. It is only measured by time, present physical and psychological experience, and the comprehensive value evaluation. Each city has its own unique culture and history, which is reflected in its physical appearance, and is soaked in its life style. More importantly, it is particularly showcased by its city values. These are the original power of creative industry, and are also the added value and revitalizing force. Economic indicators and the growth of wealth can no longer be treated as the

兴力。经济指标、财富增长已经不能作为一座创意城市评价的唯一指标，而健康、乐活、可持续、生态、文化与创意会成为砝码越来越重的评判尺度。

正是在这样的时代趋势和社会语境中，2014成都创意设计周登上历史舞台，这一活动将被打造成为对中国城市的转型发展具有示范意义、指导价值和实践功效的创意盛会。成都，这座历史文化名城和世界创意新城，将以创意设计周的举办为契机，积极擘画文化创意和设计服务与相关产业融合发展的战略蓝图，推动“成都制造”向“成都智造”和“成都创造”的深化转型，实现传统经济的结构优化和产业升级，最终推动成都成为中国城市文化复兴的创意典范。

这本即将付梓的《创意成都》，既是一次创意与城市关系理论的前沿探

only index to evaluate a creative city. On the other hand, healthy, LOHAS lifestyle, sustainability, ecology, culture, as well as creativity will become increasingly heavy-weight criteria.

Under such historical background and social context, 2014 Chengdu Creativity & Design Week walks onto this historical stage, and shall be built into a grand creative event of demonstrative significance providing great guidance value and practical effects. As a famous historical and cultural city and a new creative capital, Chengdu will seize this opportunity to outline a strategic blueprint for the joint development of cultural creativity, design services and relevant industries, and to promote its profound transformation from "Made in Chengdu" to "Designin Chengdu" and "Create in Chengdu" in order to realize traditional economic structure optimization and industrial upgrading, and ultimately to make Chengdu a creative masterpiece of China's urban cultural renaissance.

The forthcoming book Creativity in Chengdu, is both a forefront discuss of the relationship between creativity and

讨，又是一次全球创意城市典型案例的深度剖析；既是一次成都创意实践的丰富展示，又是一次优质创意故事的生动分享。《创意成都》吹响了神州大地创意引领的时代号角，发出了中国城市创意转型的历史宣言，开启了中华大梦创意复兴的未来征程。

在这里，我们以一座城市的创意行动来表达对创意城市的敬意和期盼——2014成都创意设计周，我们欢迎您，一起寻找城市夜空中耀眼的光明！

北京大学文化产业研究院　副院长

2014年9月1日

cities, and a deep analysis of global typical cases of creative cities. It is both a grand exhibition of Chengdu's creative practice, and a vivid sharing of quality creative stories.Creativity in Chengdu blows the time trumpet of China's creative industry, pronounces a historical declaration of the urban creative transformation of China, and thus launches China's future expedition of creative revival.

Here, we sincerely express our respect and expectation to the creative cities with the creative action of a city - welcome to 2014 Chengdu Creativity & Design Week, and let's look for the city's bright light in the night sky!

Xiangyong

Peking University Culture Industry Research Institute, Subdecanal

September 1, 2014

A

创意力量

创意与城市的关系

创意与城市

这是一个创意的年代，创意如同阳光、空气和雨露，已经渗透到城市的各个角落。城市发展产生文化创意，文化创意形成创意产业，创意产业构筑创意城市，创意城市又萌生新的创意。城市如此良性循环，持续成长，维护和创意有关的要素，才能让城市脱胎换骨。只有依靠充满活力的经济，城市管理者和市民共同创造出转变的典范，对可行的创意方案充满信心，同时提供沟通、创造财富与创意的平台，才能如查尔斯·兰德利（英国创意城市研究机构传通媒体公司的创始者）所言：“城市需要致力于‘为了世界’成为最富创意的城市，而不是‘成为世上最富创意的城市’。”

在经济和资讯全球化的21世纪，如何创造性地进行自我开发，找到自身独特的发展潜能和文化资产，是每座城市的核心目标。于是，我们借这次成都召开“2014成都创意设计周”的契机，通过分析创意城市的产生、创意产业的形成，来了解创意与城市的关系，探讨如何发掘城市潜藏的创意，使城市变得更适合生活。

城市发展产生文化创意

当代国际最具影响力的城市与区域规划大师之一，英国剑桥大学博士彼得·霍尔在《城市的文明》中指出：创意城市古已有之，城市是人类文明的结晶、文化诞生的摇篮，几乎人类所有的创造性成就都与城市相关。

20世纪80年代，伦敦、伯明翰、曼彻斯特、柏林等一些世界大城市，在从工业化时期向后工业时期转型的过程中，传统制造业面临衰落，许多旧厂房、旧仓库、旧货栈出现了“空洞化”的现象，城市逐步衰败。旧城改造与城市复兴成为这些城市发展的迫切要求。直至20世纪末，人们才通过伦敦城市复兴计划开始了解创意产业的力量。

同时，伴随着区域发展由工业化时期向后工业时期和服务经济时期转型，人们的消费模式也逐渐由物质型消费向精神型或文化型消费转变。随之，在经济全球化的冲击下，城市开始作为竞争主体而出现，城市为了获得大量的投资而积极地推销自己，从而使城市间的竞争更加激烈。在这一过程中，创意、创新成为经济发展的重要资源，成为现代经济的增长点。也就是说，是城市发展的内在需求催生出文化创意。

2001年在亚特兰大召开的城市竞争力会议上，众多学者认为：在以人才、知识、技术、信息、资金等生产要素为竞争对象的背景下，如何吸引这些要素是获得新的竞争优势的重点。而要解决“全球化—地方化”的矛盾，在全球化过程中城市必须更加依靠自身独特的个性。

而随着城市的发展，城市的个性只有通过创意途径才能彰显。

查尔斯·兰德利认为：城市要达到复兴，只有通过城市整体的创新，而其中的关键在于城市的创意基础、创意环境和文化因素。因此，任何城市都可以成为创意城市，或者在某一方面具有创意。

那么，这就需要我们去发掘潜藏的创意城市。比如，一些城市虽然规模差异巨大，但它们均是所处时代的重要城市，或者处于急剧的经济和社会变革之中的城市。创意城市几乎都是世界性的，吸引着来自四面八方的人才，而人才的成长需要特殊的土壤，这就要求创意城市的环境必须是社会意识形态激烈碰撞的中心，并且这些城市的政策要像磁铁一般吸引着人才移民和财富创造者的加入。

文化创意形成创意产业

随着城市发展对文化创意需求的增加，创意产业也就渐渐形成。大多数从事创意城市研究的学者认为，英国是世界上最早确立“创意产业”这一概念的国家。1997年，英国成立创意产业特别工作组，制定创意产业政策，并逐步确立了13个行业为创意产业。它们分别是：广告、建筑、艺术与古董市场、手工艺、设计、服装设计、电影与音像、互动娱乐软件、音乐、表演、出版、软件与计算机服务、电视与电台。也有学者认为，美国发展创意产业的时间实际上要比英国早7年。1990年，美国成立“美国

国际知识产权联盟”，其版权产业所涵盖的行业部门与英国提出的创意产业的13个行业部门基本吻合。不同的国家和地区对创意产业的定义及内容有不同的理解。而在21世纪初期，中国各个城市给人的感觉却是只有动漫游戏和旧厂房艺术化才是创意产业。是的，如果你有兴趣查看一下那个时候的中国各个城市的创意产业发展意向，你就会发现中国几乎所有城市都是这么认为的——它们不约而同地发展这两个方向。

但是，随着“北京奥运会”和“上海世博会”的举办，人们对这两座城市的创意产业，似乎又有了新的感观：他们渐渐认识到，北京除了朝圣地798之外，还有文艺演出、出版发行和版权贸易、影视节目制作和交易、动漫和互联网游戏研发、文化会展、古玩艺术品交易等六个创意产业中心。而上海早在 2005年就举办过“上海国际创意产业活动周”，并启动了18个创意产业集聚区，更在2010年获准正式加入联合国

教科文组织的“创意城市网络”，并获得“设计之都”称号。

在《文化创意经济报告》中，有一段话是这样描述的：即使是在全球金融危机的影响下，世界各国和地区对音乐、动漫、电影、手工艺品、多媒体以及广告等创意产品和创意服务的需求仍持续保持增长的态势，创意产业依然是全球贸易的新引擎，是目前世界经济领域最具活力的产业之一。联合国贸易和发展会议公布的统计数据表明，近几年，创意产业在国际贸易中所占的份额急剧上升。从2000年到2005年，创意产业中的产品服务贸易每年以8.7%的比例上升，尽管2008年出现了全球性经济危机，但全球的创意产业仍保持着持续增长趋势。近期的调查研究发现，全球娱乐及媒体产业在2012年就达到了2.2万亿美元的产值。

可见，创意产业渗透于国民经济，并与制造业结合，使制造业产业链中除了产品的零部件生产加工环节外，还新增了服务化这个新趋势。就拿我们耳熟能详的苹果公司的iPhone来说吧，iPhone在美国设计，在日本制造关键零部件，在韩国制造最核心的芯片和显示屏，由中国台湾厂商供应部分零件，最终在中国大陆组装成功。这一产业链、供应链的全球管理使苹果公司实现了制造业的服务化。我们透过这个创意产品，认识与之相关的这几座城市；我们也通过这个创意产品，认知这些城市的创意。

创意产业构筑创意城市

其实，城市对创意的认知由来已久。早在20世纪80年代，英国就开始城市复兴运动，发展创意产业，创意城市也随之兴起，并成为现代城市发展的方向。从20世纪90年代起，世界上许多国家和地区开始重视并促进创意产业的发展，许多城市纷纷提出创意城市战略。2008年，英国在1997年提出创意产业战略的基础上，又提出“创意英国”纲要。2005年，纽约提出了“创意纽约”的计划。亚太地区的国家更是把创意产业作为积极的产业部门优先加以发展，诸如日本的“酷日本”计划、韩国“设计国度”的打造、新加坡的创意产业发展战略国策、澳大利亚的“创意国度”战略等。

城市与创意的关系，就这样在城市名片上一一呈现，并持续发展。这一运动到现在也没有停止，中国也随着这股浪潮走上了城市特色的打造之旅。在城市发展转型的背景下，城市内涵与特色地位日益凸显。

查尔斯·兰德利被认为是创意城市的倡导者，他指出，城市的发展动力和世界城市体系发生了巨大的变化，不能用19世纪的办法探讨研究21世纪的城市问题，而是要启用“思想库”释放创新、创意的城市发展血脉。他没有直接给出创意城市的

定义，而是从对巴塞罗那、悉尼、西雅图、温哥华、赫尔辛基、格拉斯哥等大量城市个案研究入手，提出了创意城市共同的成功点：富有想象力的个体、创意组织机构和有明晰目标的政治文化。

创意城市改变城市结构

从近年来世界各国创意产业发展和创意城市建设比较成功的案例及其经验来看，对创意文化的重视以及创意产业的发展，极大地改变了城市的整体结构和城市景观，原有的建立在工业化时期的城市发展模式也在不断地改变。

截至2012年6月，经联合国教科文组织批准加入“创意城市网络”的城市，已有德国柏林，英国爱丁堡，法国里昂，美国圣达菲，日本名古屋、神户和中国北京、深圳、上海、杭州、成都等34座城市。

加拿大多伦多大学的默瑞克·格特勒认为创意城市的成功关键在于，保持创造力和城市经济驱动竞争力。创造力和竞争力在很大程度上是依靠地方团体的特征及作用发展起来的。

从一些城市的创意产生地或者创意产业群集的地区来看，紧邻城市中心、重要公共场所和服务设施完善，多种文化相互交融并有着丰富多彩的生活方式，同时租金又相对便宜的地区，往往是创意活动和创意产业最为集中的地区。

统计资料表明，英国首都伦敦，聚集了英国1/4的教育科研机构，吸引了英国40%的风险投资，60%的人从事与教育和科技相关的行业。而城市的包容与开放，也是创意城市成功要素之一。例如，作为“民族大熔炉”的纽约，有近800万人口来自世界各地100多个民族，其中犹太人有200万左右，非洲裔黑人有200万左右，华人也有60多万。被称为“世界创意之都”的阿姆斯特丹，从1996年开始，创意产业在该城市GDP所占份额就以年均6.3%的速度增长。有数据显示，现在阿姆斯特丹每新开6家公司中，就有1家从事创意产业，截至2010年，当地约49000人受雇于创意产业。

MUMOK
Museum Moderner Kunst

未来城市是创意的城市

近年来，文化创意的重要性在各城市得到广泛认可，多样化的文化创意活动可以提高居民的生活质量，使他们的休闲时间过得更为充实。而艺术、烹饪等各种文化产业的发展有利于实现多个目标，例如提升城市声誉，进而带来经济发展的机会。发展创意产业、构建创意城市成为许多国家的重点战略。我国的北京、上海、广州、苏州、无锡等城市正在加快“文化创意产业基地”、“工业设计园区”、“动漫城”、“设计创意基地”等创意产业的发展。美国城市社会学家理查德·佛罗里达曾提出衡量创意城市的“3T”要素，即技术、人才和包容。这三者之中，包容是一切的基础，或者说是一个创意城市最为本质的性格。

成都，这座任何网络游戏发展商都不会忽略的城市，早在2004年，就拥有近30万互联网用户，是全国三大数字娱乐城市之一。目前，已有十余所高校在蓉开设了创意设计相关专业，培养了一大批具有文化创新能力的技术人才；涌现了像许燎源、黑蚁设计、嘉兰图设计等一批具有全国影响力的优秀设计师和设计机构；红星路35号文化创意产业园、蓝顶艺术中心、浓园国际艺术村、许燎源现代艺术博物馆、东郊记忆、武侯区西部智谷、彭州家纺创意设计园等文化创意设计产业聚集区也应运而生；已有工业设计专业性公司100余家，各级工业设计中心32家；在新产品研发中，70%的工业企业设有工业设计机构。

如今在成都，创意成为一种蓬勃发展的经济形态，已初步形成了工业设计、动

漫游戏、建筑设计、广告设计、工艺美术设计、家居设计等诸多创意产业，对成都经济和社会发展的贡献正逐步增加。据统计，2012年，成都市仅文化创意产业增加值就超过400亿元，其中动漫游戏产业产值近80亿元，连续三年实现33%以上的增幅，而2013年前10月，动漫游戏产业已实现产值超过70亿元。

由于成都聚集了大量技术与人才，再加上这座城市自古以来的开放与包容，使得它迎来了这次的创意盛典——“2014成都创意设计周”。

查尔斯·兰德利在《创意城市》一书中提出：创意城市是推动文化经济、知识经济的重要关键。打造创意城市，能吸引文化创意人才与团体，通过创意产业的兴起赋予城市新的生命力和竞争力，以创意方法解决城市发展的实质问题。可见，以知识经济为基础的创意经济时代即将来临，而创意城市的建设则是未来城市发展的必然趋势。今天，成都作为联合国教科文组织“创意城市网络”之一的“美食之都”、“2012中国创意名城”，举办这场“2014成都创意设计周”，并以此为契机推进文化创意和设计服务等新型、高端服务业发展，促进与实体经济深度融合，从而推动“成都制造”向“成都智造”、“成都创造”转变，助推经济转型升级，迎来成都“创意之都”的“起飞”阶段，并继续前进，朝着自我更新的完整创意系统阶段发展。

许多的事实告诉我们，创意让生活更美好，创意让城市更繁荣。

这就是创意的价值、创意的力量。

伦敦：从工业到创意优雅转身

一个鸡蛋可以做什么用？

这是多年前，在英国伦敦举行的一场“头脑风暴”中的题目。有人说可以用来做漂亮的彩蛋；有人建议将它加工成面膜；也有人说，以后集会时，就怀揣两个鸡蛋，去丢那些“讨厌的人”。

也许很少有人把这些五花八门的答案当真，但2002年，一栋外观酷似鸡蛋的全玻璃建筑，却成了伦敦的市政厅大楼。

“这个是现代的伦敦，很与众不同，看上去像快要倒的样子，但我觉得这和周围很配，形成一种非常强烈的对比，让人们感受了新旧伦敦的两种风味。”一位游客在参观后发出这样的感叹。

没有人知道，究竟是不是那场头脑风暴，画出了伦敦市政厅的雏形。但越来越多新颖的灵感，正在这片古老的土地上给人惊喜，却是不争的事实。

在伦敦泰晤士河南岸，每天都排着长队，人们等上两三个小时也不愿意错过的，是一个超级巨无霸的观光点——“伦敦眼”。

1993年，《星期日泰晤士报》举办了一场竞赛，征集最疯狂的千禧年庆祝计划。两名年轻建筑师提议，建造一个全球最大的摩天轮，让人们体验一番从高处俯瞰泰晤士河、俯瞰伦敦、俯瞰地球的美妙感觉。

如今，这座135米高的伦敦眼，就像块巨大的磁铁，吸引着成千上万的游客，人气一点也不输给泰晤士河对岸的大本钟。本来只打算让它转上5年的伦敦政府决定，继续保留这个城市新地标。随着伦敦眼、市政厅这些风格鲜明的现代建筑不断给人们带来惊喜，大家忽然发现，曾经工厂林立的雾都伦敦，如今变了一番模样，它有了一张叫作“创意之都”的新名片。

用政策推动创意发展

最早提出在英国发展创意产业的是1997年刚当选为英国首相的布莱尔。当时被称为“政坛一股清风”的他，一心想改变老工业帝国陈旧落后的形象，提出要“通过英国引以为豪的高度革命性、创造性和创意性来证明英国的实力”，把文化创意产业作为英国振兴经济的聚焦点，把推广文化创意产业作为拯救英国经济困境的有效方法。于是，一个“创意产业特别工作组”诞生了，布莱尔亲自担任了工作组主席。不久，英国政府还专门成立了一个文化、媒体和体育部，来分管创意产业。

根据英国文化、媒体与体育部的定义，创意产业是指源于个人创造力、技能与才华的活动，而通过知识产权的生成和取用，这些活动可以创造财富与就业机会。在这样的定义下，13个产业部门被划归为创意产业，它们包括广告、建筑、艺术与古董市场、手工艺、设计、服装设计、电影与音像、互动娱乐软件、音乐、表演、出版、软件与计算机服务、电视与电台。

由此，英国成为世界上第一个提出创意产业理念，又第一个用政策来推动创意产业发展的国家。在这样的大背景下，伦敦市政府也决定把创意产业作为自己的核心产业来经营，“创意伦敦”的概念应运而生。伦敦市长办公室和伦敦发展署把握着伦敦创意产业的发展方向。前者主要负责制定方针，后者落实细节提供协助。

英国政府的创意产业政策，是目前国际上产业架构最完整的文化产业政策。英国的文化创意企业并不希望政府干预太多，只希望政府协助建立一个优质健康的环境，帮助产业的发展。所以，英国政府的推进举措主要集中在三个方面：首先，政府就组织管理、人才培养、资金支持、生产经营等有关方面加强机制建设，对创意文化产品，从研发、制作、销售到出口，实施全方位的系统性扶持。通过出口推广、教育及技能培训、协助融资、税收减免及开放规则、保护知识产权和容许每个地区保留本地文化发展的自主权等政策，大力推动创意产业。其次，规划创意产业蓝图，倡导创意产业的概念，培养公民创意生活与创意环境，发掘大众文化对经济层面的影响力。最后，建议各地政府与民间广泛合作，以伙伴关系推动解决创意产业面临的问题，对创意产业提供补救对策，如保护知识产权、促进文化产品输出、提供从业者教育和训练等。

除了政策的指导，英国的文化创意企业在发展中由于规模较小，往往会面临资金短缺、研发投入不足等问题。因此，政府协同金融界和有潜力的民间投资者积极支持那些有创新能力的个人或企业，为其提供发展所需资金，这也是1997年创意产业特别工作组成立后最重要的工作之一。

他们愿意为创意买单

畅销书《创意集市》作者、台湾知名设计师王怡颖曾采访过数十位来自世界各地、在伦敦谋求发展的年轻设计师。

80%的人的回答都提到同一个词——“多元化”。

走在伦敦的街道，人们通常都会为它强烈蓬勃的多元文化气息感到震撼，像是在剑桥戏院外的墙上悬挂了一幅GeorgeStubb于1762年创作的《Whistlejacket》的复制品（原作品只在伦敦美术馆珍藏），像是外星厕所，或者是装修成鬼屋的电话亭。就在2014年7月，生活在伦敦的人们又惊喜地发现，在伦敦的多个地标，出现了色彩鲜

OITICICA
DALÍ
UBS Openings:
Drawings
Dalí

明、充满故事感的凳子，据报道，这是为了纪念《50把改变世界的椅子》这本书，同时号召全民阅读而设计制作的独特的BookBench雕塑。

伦敦人爱说一句话——“创意即生活”，他们愿意为创意买单。从2003年开始举办的伦敦设计节，是一个灵感更加集中、创意更加活跃的大舞台。伦敦发展署负责为设计节提供近四成的资金援助，并协同博物馆、零售商、教育界、媒体等一起打造这个节日。每年，陶瓷、家具、珠宝、灯饰、摄影、布艺等各种设计作品云集，就像是一场视觉盛宴，不仅吸引着跃跃欲试的设计师们，也让普通人的生活被灵感点亮。如今，伦敦设计节已经成为全球最具影响力的设计大事件之一，也成为伦敦的一张醒目标签。当然，创意之都的标签一定还不只这一张。

虽然晚于巴黎、纽约和米兰，从1993年开始的伦敦时装节却很快就成为了世界时尚舞台上的新宠。再加上伦敦独特的创意氛围，这个后起之秀，如今俨然成为了业界公认的时装设计师的孵化器。设计节、时装节，再加上同样每年举行的游戏节和电影节，热闹的四大节日，将来自世界各地的创意灵感汇集伦敦。更让人惊喜的是，大家在一番饕餮盛宴之后发现，这些节日并不只是狂欢的泡沫，而是早就为伦敦带来了切切实实的好处。

创意产业带来巨变

其实，早在撒切尔夫人执政的时候，她就说过，对于工业设计的每一分投入，都可以换来1000倍的回报。那个时候，还没有创意产业这个提法。但同样以个人创造力为源泉的工业设计已经被摆到了一个很高的位置。当然，现在的事实证明，回报可能远不止1000倍。

在伦敦的夜晚，去一趟泰特现代美术馆对很多人来说是一个不错的选择，你可以见到“瑞士之光”（在巨大烟囱的顶部，设计师Michael Crage-Martin与Herzog及De Meuron合作，加盖了一个由半透明的薄板制成的顶，因为由瑞士政府出资，所以命名为“瑞士之光”）晶莹灿烂，整座美术馆仿佛一座灯塔，伴着泰晤士河的潮涨潮落。2007年，时任伦敦市长的利文斯通为《伦敦创意产业报告》作序言的时候，将泰特作为成功的典范，写在了全文第一段。然而，谁又能料想到，这里曾经是一个废旧的火力发电厂，一度面临着被拆除的命运。2000年5月，泰特现代美术馆在这块其貌不扬的场地上开门迎客了。尽管空间质感很粗，灯光运用也不尽完美，但美术馆方面相信，这个独特的空间是可以为艺术家们提供想象的空间。底楼的涡轮大厅，原来是发电厂的引擎室。开馆8年后，慕名而来的国内外游客，已经使泰特一跃成为伦敦第二大受欢迎的景点。

泰特的成功，带动了泰晤士河南岸的重新发展。它所在的萨瑟克区，10年前居民不到3000人，是伦敦著名的废旧工业区。然而现在，这里是伦敦地产价格上涨最快的一个区，每年拥入的700多万游客，为当地带来超过1亿英镑的经济效益。

在整个大伦敦地区，创意产业每年创收210亿英镑，占伦敦年度经济总增加值的16%。产业的发展，带动了就业。如今，大伦敦地区有50万人从事创意产业。创意产业已经成为仅次于金融服务业的伦敦第二大支柱产业，伦敦正在靠着创意产业的兴起，完成又一次的产业升级。

全球三大广告产业中心之一，全球三大最繁忙的电影制作中心之一，享誉全球的国际设计之都，2/3以上的国际广告公司的欧洲总部设在伦敦……一连串的数据显示，伦敦"创意之都"这一称号当之无愧。充分利用人才丰富、受众聚集的都市优势，扶持推动高附加值的、可持续发展的产业类别，伦敦终于打造出一座世界"最酷"的城市。伦敦，向全世界展现了一个从"工业之都"到"创意之都"的优雅转身。

纽约：空气中都是创意

纽约，虽然是公认的全球金融中心，但其实它最重要、最突出的优势还是在文化艺术上。

《创意是著名城市的灵魂》一书中说：纽约的文化经济是可持续的，具有自我维护的机制。这正是查尔斯·兰德利所说的创意城市的最终发展阶段——自我更新的完整创意系统。

那么，纽约这座城市是如何与创意紧密结合成为创意型城市，创意为这座城市带来了什么样的改变，为何纽约如此与众不同呢?

纽约创意集聚区

一说起创意纽约，人们首先便会想起纽约最早的创意集聚区——格林威治村、苏荷区、东村这三个元老级的艺术朝圣地。

格林威治村是位于纽约中心城区曼哈顿区的一个富于历史、文化传统的社区。这个从17世纪纽约城郊一个名不见经传的小村子，发展到19世纪上叶成为纽约城的一部分，再到20世纪初逐渐以其典型的波西米亚文化风格而闻名于世。格林威治村曾经且一度吸引着许多美国著名的文人和艺术家迁居于此，成为它的“村民”。

二战后，创意集聚区被复制到苏荷区，随着租金的增长，昂贵的房价让艺术家们纷纷逃离，20世纪70年代，艺术家们开始集聚于房价相对低廉的东村，从而形成了新的创意集聚区。到20世纪80年代，随着人口的集聚、租金再次上涨，创意群体开始横跨曼哈顿，集聚到布鲁克林威廉斯堡。

随着这几次创意集聚区演进，纽约也逐步形成了它独具一格的特性：在20世纪60年代，格林威治村代表着另外一种生活方式，是美国的“反文化”，同时也成为二战后美国现代思想的重要来源，无时无刻不反映着美国社会的发展变革。

作为世界闻名的艺术区，苏荷区原是19世纪纽约最集中的工厂与工业仓库区。20世纪中叶，美国率先进入后工业时代，旧厂倒闭，商业萧条，仓库空间闲置废弃。此时，美国艺术新锐群起，各地艺术家以低廉租金入驻该区，世界现代艺术史的大师级人物沃霍、李奇斯坦、劳森柏格、约翰斯等都是那里的第一代居民。鼎盛时期，在这块面积、人口均不足纽约1%的地方，居住着纽约30%的艺术家群体。

MARC
JACOBS
BARNEYS NEW YORK

纽约创意集聚区的独特之处在于它不是艺术区，艺术却无处不在。它是商业和艺术充分融合的区域，艺术和文化的发展带来了商业利益，富于艺术性的商铺逐渐聚集。久而久之，从最早的画廊区逐渐成为一个以“Designer New York”为主题的纽约名牌区，完成了一个从工业到艺术再到商业的转变，成为富有个性的、有着深刻文化内涵的创意型城市街区。最终，创意让这座城市披上了“文化商业”的新外衣，让城市在经济萧条时期成功转型。

开放多元的纽约

就像所有生活在纽约的人一样，纽约的大方、多样性及充满惊喜，让人们爱上了这座像磁铁一般具有吸引力的城市。

人们用“大熔炉”、“色拉碗”来形容拥有不长历史的纽约，以说明其多元性和兼容性。

如果说，美国是各族人民的大熔炉，那么纽约就是“炉底”，就是各国人民的“大炒锅”，是“一个能否把全世界放在一个村庄里的生活试验”。

居住在这座城市的纽约客，来自世界各地，世界上几乎所有主要国家都有移民在纽约。据统计，纽约市的人口有37%是新移民，纽约的孩童有57%出自新移民家庭。纽约市民使用的语言多达121种，通行的语言有21种。1990年，纽约的“少数”民族成了“多数”民族，其人口占全市总人口的57%。2000年，纽约新出生的人口中有35.9%出生于移民家庭。

在纽约的街头巷尾，地铁和巴士上的乘客，各种肤色和操各种语言的移民随处可见，这也是纽约儿童遇见陌生人不围观不惧怕的原因。

纽约，是梦想与机遇并存的城市，是金融中心，是政治舞台与娱乐及表演艺术的国际平台。

这里有大批标新立异的人在实践着自己的想法，是年轻艺术家扬名立万之地，也是满足人们各种梦想的城市。

查尔斯·兰德利在他的《创意城市》一书中将纽约的苏荷区评为“十大创意地”Top1的理由是这样的：在这里，你很少能看到第五大道那些艳俗的贵妇，更多的是为个性而一掷千金的艺术家和追求个性的时尚青年。世界各地的摄影师流连于Greene街的铸铁红房、Belgian block街的室外消防楼梯还有各具特色的涂鸦外墙，文学青年踏着鹅卵石路细数着当年文学沙龙的辉煌足迹。

纽约，总是按自己的方式运行，无论你途经或停留，纽约总能用它的与众不同，吸引着你，不愿放过那些特色酒吧和高档时装店、艺术画廊和个性化的家居装饰品店。这里是雅客、时尚青年和游客的重要时尚商业区和旅游景点。

为何纽约与众不同?

那么，纽约为何如此与众不同呢?

纽约，最大的优势在于它是一个强大的、多元化的高技术产业和职业的集会。这座城市高度密集的人力资源，是防止它像底特律、匹兹堡一样成为制造业转移后废弃的荒芜之地的基本因素。

在纽约，独立乐队的表演场所、书店、画廊、博物馆随处可见；平面设计师既可以设计音乐唱片封面，又可以设计时装商店；音乐家既可以当演员，也可以兼任时装设计师。很多文化创意工作者，在创意产业中可以具有双重身份，他们中的很多人在美术方面颇有造诣，却在广告业、艺术指导等许多复合产业工作，这是因为纽约给了他们可以在文化经济领域自由发挥的空间。

当然，创意的纽约与众不同的个性，与这座城市的媒体为创作提供的传播网络

也是离不开的。如果不是出版、电视和广播形成的复杂传播网络，纽约的文化创意可能还局限于纽约，而不是今天我们所说的“世界的首都”。

纽约是美国的报刊出版中心，也是世界报刊出版中心之一。1990年，美国成立“美国国际知识产权联盟”，美国第一大报《纽约时报》和世界财经权威报纸《华尔街日报》，就在纽约出版。纽约的三大期刊《时代》、《新闻周刊》、《美国新闻与世界报道》是全世界新闻期刊中的翘楚。《纽约时报书评》、《纽约客》等文化类刊物，及时向美国以及世界上众多英语读者传递美国文学、艺术以及学术思潮的最新动态。同时，还有上千种其他国家的报刊在纽约发行，这些使纽约成为美国乃至全世界的报刊之都。

除此之外，美国崇尚自由经济，政府对市场干预较少，这也是纽约的文化创意产业能够健康发展的重要因素。2005年，在文化市长迈克尔·布鲁伯格任职期间，纽约提出了“创意纽约”的计划。第二年，布鲁伯格向全世界昭示，“纽约是美国文化艺术的中心”。

在纽约，嘻哈文化可以登上大雅之堂，名人比广告更有效。充满无限机会和灵感的纽约，空气中都是创意。

巴黎：街头的涂鸦文化

几个世纪以来，许多著名的艺术家、思想家、作家在艺术之都光环的吸引下慕名来到巴黎，栖息在艺术生活的氛围中，获得创意灵感，他们的才华和创造力在巴黎得以绽放。对于巴黎街头艺术创作，无论是艺术家还是普通的画师，他们创作的不只是一种产品，而且是一种艺术灵魂的升华，更是一种创意生活品位！

在历史传承中，法国的创造力、优雅风范、浪漫气质，源远流长、扬名四海，传播到世界各大洲。法国首都巴黎是世界著名的历史文化名城，自法国国王路易十四时代以来就有“光之都”的美誉，由“明星太阳王”所引导的生活态度、生活方式、生活品位，成为一种流行趋势典范，影响到全欧洲的皇室、贵族的衣、食、住、行，乃至生活的各个领域。对“艺术生活”登峰造极的追求，赋予巴黎更加神圣的光环，同时也奠定了这座城市特有的文化风情。现代与古典、传统与创新之间，你可以从中领悟这个城市背后所蕴含的风格，对美好事物无限追求所激发的创造力。当然，真正的传奇，从未停止创新。促使巴黎不断地更新蜕变的力量，恰恰来自丰厚的积淀和永不停息的创造力。

抛开庸俗的创意

和巴黎这座城市的性格一样，巴黎的街头涂鸦并不像美国许多涂鸦那样，多是为了宣泄不满、表达激进的情绪而创作的，大多数巴黎的街头涂鸦充满了艺术美感，一如这座浪漫都市的特色。据说，巴黎的涂鸦艺术家是最具“职业精神”的。他们对自己的涂鸦作品有着很高的要求，并让自己全身心投入创作之中，因此有巴黎涂鸦艺术家曾经总结出“涂鸦是件极快乐的事，比享受法国美食还要快乐一百倍”的话来。

事实上，最初巴黎政府对城市涂鸦也是持反对的态度的，只不过因为巴黎涂鸦艺术家的街头作品在很多时候有美化环境的效果，因而才对此保持着“睁一只眼闭一只眼”的态度。巴黎许多涂鸦作品会在意想不到的位置，比如大型建筑、铁路桥的侧面、桥墩接近水面的地方，这些涂鸦作品集中于居民区，但因为位置太高或太难到达，使得一般人很难接近去破坏它们，而完成它们也需要借助梯子甚至吊车等其他工具，但这也从另一方面体现了巴黎涂鸦艺术家的敬业精神。在很多巴黎街头涂鸦作品中，体现了浪漫的情感主题。像巴黎地铁站附近、左岸居民区等，都是巴黎街头涂鸦艺术的典型代表区。

在这里邂逅巴黎

到过巴黎的人都说巴黎的世俗与文化是隔河相望的。缓缓流淌的塞纳河的两边，右边是银行家，左边是艺术家。在左岸，一不留神你就会坐在海明威坐过的椅子上、萨特写作的灯下，或靠在毕加索发过呆的窗口旁。

也记得有段话是这么说的：巴黎右岸是用来看的，而左岸是用来走的；巴黎右岸是拜物的，而左岸是用来激情生活的。

塞纳河左岸涵盖了塞纳河畔一个整体的扇形区域。在巴黎市区内如果你乘船由塞纳河顺流而下，船首左侧所展现的就是巴黎左岸的风光。塞纳河左岸可以说是

一处强力体现巴黎艺术生命，让巴黎人引以为豪的地方。时至今日，它那辉煌的历史、艺术的声名仍然使它立于众多巴黎艺术之地的重心位置。塞纳河左岸还是巴黎建市之初的见证人，它的腹地集中了巴黎城创建初期的历史遗迹。

左岸的出名不仅是因为它的历史悠久，还因为这里的整体文化氛围。这里最特别的地方是遍布着不计其数但各具特色的咖啡馆、酒吧和啤酒馆。如果说塞纳河左岸的这片区域在巴黎人眼中是非常值得永远保存着它的原貌的地方，并不只是因为这里有一些历史遗迹，最主要的是左岸保留下来的是它无形的艺术声望。无数的艺术家、作家和诗人，如海明威、毕加索、魏尔伦等都曾经常出入于这里的咖啡馆和啤酒馆中，与朋友相聚或寻找灵感。

在巴黎市中心有专门的艺术画廊街，主要分布在拉丁区及三区。这些画廊有临街的，也有在街巷深处的。有些画廊与民宅没有差别，只是在门口挂了一块小牌子，只有内行人才知，按铃可进，里面却是另一天地，有很多大师的作品。有的画廊要提前电话约定，不然不接待，这些画廊生意很大，与世界上的大收藏家都有联系。沿塞纳河边拉丁区，有一街区专营古玩。除了古玩店外，巴黎每年要举行几次大型的艺术品展销会。如在巴士底广场，每年两次的艺术品展销会上，艺术家把自己的作品直接出售，没有中间商，降低了售价，使交易更旺。

把城市变成精神博物馆

“涂鸦”的意大利文原意是乱写，而现在涂鸦是指在墙壁上乱涂乱写出的图像或画作。城市涂鸦发源于20世纪60年代的纽约布朗克斯区（Bronx Zone），这是当时纽约最穷的街区，当时居住在这个区域的年轻人喜欢在布朗克斯区的墙面上胡乱涂画各自帮派的符号以占据地盘。后来，一些非帮派画家认为在墙上作画是很好的创意，于是撇开了帮派意识，逐渐形成了城市涂鸦这门艺术。后来，涂鸦作为一种艺术创意形式传遍了世界。

“现在的城市太伤感了，到处是笔直的钢筋水泥、冰冷实用的建筑，人不是机器，怎能生活在这样的地方？想象一下，如果把整个城市变成精神的博物馆，人们在街上走动就可以随时跟人进行深层交流……我们就是想在这个我们长大的城市里，渲染上我们的色彩。”这是巴黎一位涂鸦艺术爱好者对这种街头文化的由衷表达。涂鸦发自于艺术表达的欲望，以视觉艺术、文学和幽默等方式体现，尽管它的存在昙花一现，但就在这短暂的瞬间传达了人类的精神和灵魂。

涂鸦者已经在艺术上自成体系，每个涂鸦者都有自己的笔名或代号，他们除了要进行艺术创作以外，还要四处“留名”以提醒人们自己的存在并以这样的方式使自己出名。城市被他们看作一个巨大的空白海报或者是情报传递的载体。一个好的涂鸦者必须具备以下“才能”：能够在几乎不可想象、难以到达的地方作画；拥有无穷无尽四处乱涂的精力；具备真正的艺术创意实力。

东京：密而不乱的交通创意

城市化是社会经济高速发展的必然阶段。日本东京在交通发展过程中建设了高效、综合、完善的城市公共交通体系，推动了日本城市化进程，强化了城市之间的联系，带动了地区工业与经济的发展，减少了城市交通的拥堵。这对于高速发展的超级城市而言，无疑是城市交通体系上的成功创意！

日本是一个狭长的太平洋岛国，面积仅有37.8万平方公里；在1.2亿多人口中，有80%居住在城市。首都东京人口约四千多万，东京是日本政治、文化、经济的中心，世界三大金融中心之一，是日本最大的交通枢纽，全国高速铁路干线的汇合点；经过多年发展形成由东京首都圈、东京交通圈、东京都、东京区部四部分组成的东京大都市。

“毛细血管”创意——公交网络

人口和就业岗位的高度集中带来的是交通的拥挤、高额的土地成本以及交通污染。这意味着工作日的每个早晨大量的上班族会从郊区拥入东京市区，据统计每天进入东京市区的上班族平均达到四百多万人。为避免这个矛盾，促进大都市的健康发展，减少污染和提高城市生活品质，日本东京自1950年开始，结合日本城市发展的实际情况制定了以发展区域公共轨

道交通网络为主、地面公共交通为辅的城市公共交通发展目标。其目的是着重提高公共交通的整体服务水平，建立高效发达的区域公共交通网络和综合便捷的城市交通枢纽换乘；完善各类交通管理和安全设施，吸引市民使用公共交通工具。经过多年建设，东京逐步完善了首都圈国铁JR线、私营铁路线、区部地铁线轨道交通主体网络和地面公交体系，使城际间联系变得轻而易举，促进了区域内的经济联系和4000多万人口的东京大都市圈的形成与发展，公共交通网络还引导了中心区人口的有机疏散和周边新市镇的发展。

自1960年代中期开始，外部人口不再向东京区部集中，而是逐步向外迁移，借助发达的轨道交通体系形成东京郊区（即东京首都圈、东京交通圈、东京都）的居民区，以东京区部为中心，沿着辐射状的区域轨道交通发展，并在轨道交通的终点站产生城市次中心。由于城市公共交通发展得比较好，东京市区一般不会发生明显的交通堵塞。东京首都圈、东京交通圈、东京都、东京区部之间各种公共交通工具方便快捷、换乘便利、准确高效，方便了城市居民生活。与纽约、巴黎、伦敦三大都市的主城区相比，东京交通圈公共交通出行比重达58%，工作日全天24小时进入东京区部的机动车出行方式中公共交通达86%，早高峰时段达到91%，形成了高效发达的区域公共交通网络。

"主动脉"创意——区域交通

东京是世界上典型的以轨道交通为主导的大都市，在东京首都圈内由17条国铁JR线、13条私营铁路系统构成的巨大的铁路及轨道交通网络骨架。通过区域公共交通网络体系运送外部和城际市民进入东京都和东京区部城市中心或山手环线的综合换乘枢纽，然后利用东京都和东京区部的地铁线系统、地面公共交通输送到城市各个片区，满足了大量旅客的需求，维系着东京首都圈、东京交通圈城市地区的交通。利用轨道交通和铁路的快速和大容量，整个区域交通系统年运送乘客约为一百五十多亿人次。

首都圈的国铁JR线系统，也称"新干线"，承担了东京首都圈城际间及市内的部分交通出行，总长度近900公里。国铁JR线由两条环线及若干放射线组成，以东京站为中心向首都圈和其他地区辐射。新干线车站设在东京都和区部，市民出行主要选择新干线进出东京区部、东京都，站点与城市地铁、轻轨连成一体组成综合交通枢纽，换乘方便。这给上班族和旅行者提供了很大的便利，使新干线的利用率非常高，年运载量在1.4亿人次以上。

地面公共交通系统作为东京区部地铁线网系统的补充，东京地面公共交通系统沿城市道路呈网络状分布；城市道路中划分了大量公共汽车专用道，保障地面公交体系的优先权，也确保了地面公交的发达、快捷、准确和高效。地面公共交通系统以公共汽车和出租车为主，与轨道交通站点、城市交通枢纽和对外交通枢纽衔接紧密，换乘距离短、服务水平高、分布密度大、指示清晰。90%以上的居民和上班族在轨道交通和地面公交系统车站400米服务范围内，大大方便了乘客的换乘和使用，满足了大部分市民的基本出行要求。

“大脑神经”创意——交通管理

日本交通标志以自己特有的形状、符号、图案、颜色和文字向交通参与者传递合理、清晰、细致、醒目的信息。无论是城市还是乡村，所有的路口无论大小，均设有信号灯，绝大多数的路口都有完善的标志、标线等设施，充分考虑到交通参与者观察的方便，以不分散其驾车注意力为根本。弯道和视线不良的地方设置有观察路面交通状况的凸面镜；学校附近1公里处设有预防交通事故的警示标志和学生专用斑马线；地下人行道出入口设置导向设施和标志；即使在背街小巷，标志标线都画得很齐整。清晰、合理、完善、精细的交通标志、标线，让地面上任何车辆能够沿着指引路线顺利通过，道路通过率极高，减少了地面交通的事故率，交通繁忙而井然有序。

城市交叉路口合理地进行人流渠化和车流渠化；道路上人性化的指示牌简洁明确，向道路使用者提供速度限制、道路标记、方向指示、出入口指示等信息，便于行人和驾驶员辨别，为交通参与者提供正确、有效、足够的信息。另外，非常强调道路的交通功能，绿化树种的选择和种植都是以不影响交通和交通视觉为前提，更没有影响驾驶员视觉的广告牌等与交通无关的设施。

东京具有相当先进和完善的交通管理设施，交通信号采用了智能化设计。东京都警视厅负责收集和处理东京都和近邻各县的交通信息，实时控制路口交通信号，调整和引导交通流量。管制中心将收集的交通信息进行处理，经过处理和优化的交通控制信号自动传送到各个路口的信号机上，实现交通信号中心协调自动适应控制。设置于路口、路段的显示板用文字、图形显示邻近路段的交通状况；同时，系统还以电话、手机、传真等形式提供交通信息查询功能。优化的智能交通环境为交通系统良好运行创造了条件。

“骨骼关节”创意——公交枢纽

每个工作日从东京郊区到市中心巨大的通勤客流量中，大部分是从国铁JR线和私营铁路线转到东京都、东京区部地铁线网或地面公共交通系统；因此在城市公共交通运输系统中，城市快速轨道系统要想发挥其应有的高效作用，就要求各种运输工具必须形成很好的连接，因此公共交通枢纽显得尤为重要。东京区域中城市轨道交通、常规公交和国铁JR线等各种运输系统汇集为一体的主要枢纽多达32个，是乘客集散、转换交通方式的重要场所，每天都在高效、快速地疏散大量客流。东京

市内交通换乘枢纽，基本可以实行各种交通方式之间同台零换乘；枢纽车站往往有若干层，与大铁路相连接的车站站台多达十几个，出租车、市内公共汽车分布在枢纽两侧地面一层，自行车、私家车、客车停车场设计在地面以下。轨道交通线路和铁路线高架在地面一层以上，既保障了轨道交通的安全和快速运行，又不阻碍城市用地发展。人流与地面公交线路、轨道交通线路各行其道，没有交叉干扰，客流组织合理、高效有序；市内外交通实现无缝衔接，保证了城市生产和生活的高效进行。

与中国的许多大城市相比，日本东京的道路普遍算不上宽阔，车道也比较窄，但交通秩序良好，路上并不十分拥堵。除了发达的公共交通网络之外，这也与其拥有人性化、先进的道路管理和安全设施是分不开的。

城市交通已成为环境可持续发展的重要而紧迫的环节。中国土地资源紧张、城市人口密集，与日本十分类似，分析日本城市在发展交通体系过程中的成功经验，结合国情，制定符合国情的公共交通体系，注重“以人为本”、“人性化”理念，引导未来公共交通发展战略，实现高效、完善的公共交通体系，实则是一门城市交通的创意哲学。

全球十大创意地

Top1: 美国纽约苏荷 元老级艺术朝圣地

简介: 作为世界闻名的艺术区，苏荷区原是纽约19世纪最集中的工厂与工业仓库区，20世纪中叶，美国率先进入后工业时代，旧厂倒闭，商业萧条，仓库空间闲置废弃。那时，美国艺术新锐群起，各地艺术家以低廉租金入驻该区，世界现代艺术史的大师级人物沃霍、李奇斯坦、劳森柏格、约翰斯等都是那里的第一代居民。鼎盛时期，在这块面积、人口均不足纽约1%的地方，居住着占纽约全部艺术家30%强的艺术家群体。一些画商也在这里设立画廊，一些现在较出名的画廊都曾是从苏荷区开始发展起来的。

入围理由: 苏荷作为艺术区闻名于世，如今已发展成集居住、商业和艺术为一身的一个完善的社区，被誉为“艺术家的天堂”。特色酒吧和高档时装店为邻，艺术画廊和个性化的家居装饰品店并肩，是雅客、时尚青年和游客都不愿放过的重要时尚商业区和旅游景点。世界最知名的品牌如香奈尔、路易威登等，早已登陆这块黄金区，但都无一例外地被这里的个性和艺术所渗透。

创意指数: ★★★★☆

艺术指数: ★★★★★

综合指数: ★★★★★

温馨提示: 苏荷位于曼哈顿的下城西部，到纽约旅行，除了参观大都会和现代美术馆等大型博物馆外，建议在苏荷的街道上逛逛，那里街道狭窄，很适合闲逛。

Top2: 伦敦南岸艺术区 匪夷所思的视觉挑战

简介：艺术区位于泰晤士河边，是利用废旧港口码头和古老仓库改造的文化旅游区，其历史可以追溯到20世纪50年代。特色的影院，漂亮的餐厅，纪念品商店，风格迥异的咖啡厅、酒馆和游船，现代化大桥飞架两岸，高速火车穿梭而过。用旧发电厂改造的泰特艺术馆，是专门展示20世纪艺术品的专题艺术馆，以其独特的建筑风格与现代艺术藏品的完美结合，成为艺术区的灵魂。艺术区集现代文化、旅游、休闲、商业功能于一体，古老、现代风格交织，游览内容丰富而新鲜，是游人绝佳的休闲去处。

入围理由：泰晤士河南岸艺术区以现代艺术为其醒目的标志，堪称是当今伦敦最富有活力的艺术聚集区。沿着泰晤士河岸，世界三大现代艺术展览馆之一的泰特当代美术馆、英国艺术节中心、莎士比亚环球剧场以及英国最知名的两大剧院新维克、老维克次第排开，而世界上最负盛名的剧院之一的英国国家剧院也坐落在此。

创意指数：★★★★☆

艺术指数：★★★★

综合指数：★★★★☆

温馨提示：伦敦南岸艺术区位于泰晤士河边，河堤走道宽敞舒适，从塔桥一路往上游方向，沿途可以见到众多街头艺术家的奇特表演，同样也可以选择坐游船在泰晤士河中欣赏沿途的创意设计。

Top3：洛杉矶酿酒厂艺术村 最大艺术村的最潮设计

简介：美国洛杉矶酿酒厂艺术村完全由民间发起。艺术村前身是1888年开业的酿酒厂，由21组不同大小、结构的建筑物所组成。到了1980年被当地名门Carlson家族收购，一天有一批艺术家前来询问是否能够租用，于是Carlson家族临时起意让这个酿酒厂变身艺术区。进驻这个艺术村的艺术家中已经有许多人，如Alex in Welderland、Denice Bartels等在美国艺术设计界功成名就，而他们当初“发家”的这个艺术村也因而成为美国艺术界无人不知的地方。

入围理由：洛杉矶酿酒厂艺术村已经发展成为世界上最大的艺术村，在300个单位内聚居了约500名艺术工作者和创作人，当中有画家、雕塑家、音乐人，也有摄影师、舞团，甚至网页设计师，他们在这里创作、生活，令艺术区充满艺术气息，而社区中的建筑、街道装置也是艺术家们的创作，许多艺术家会将新品放在公共区域展示，作为一种区内交流的手段，因此在这也时常能欣赏到最新潮的设计。

创意指数：★★★★☆

艺术指数：★★★★

综合指数：★★★★

温馨提示：开放日一般是4月份以及11月份中旬，参观免费。

Top4：东京立川公共艺术区 无处不在的创意设计

简介：作为亚洲地区设计领先的城市之一，东京的创意产业起步较早，除了创意园区，现在很多创意工作者干脆把自己的创意做到公共区域，在装点城市的同时，展示自己的最新创意。在东京的卫星城市立川市就有这样一个公共创意区域，它是在当年军事基地立川基地的基础上改造而成的。这个创意区有七个街区，区域内有办公楼、宾馆、大型百货公司、电影院、图书馆等各种设施，让立川创意区看起来就像一个小城市，而不少创意设计公司也已经进驻这个区域，并将自己的设计作品在街区内展示。

入围理由：立川公共艺术区是全日本公共艺术最密集的区域。街头的艺术品共由近百名艺术家共同参与创作，大到饭店门口的艺术造景，小至水龙头、消防箱、公共坐椅、地面铺装、通风口，全部都经艺术家重新打造，这也让这个小小的地方拥有了109件公共艺术品。

创意指数：★★★★☆

艺术指数：★★★☆

综合指数：★★★★

温馨提示：公共艺术区位于东京都三多摩区境内，搭乘JR新干线到西立川站下可到。

Top5：伦敦克勒肯维尔 怪异荒诞的时尚创意

简介：英国三分之一以上的设计机构都位于伦敦，其中，最新兴的创意园区就是位于伦敦东北部的克勒肯维尔。在多年以前，克勒肯维尔原本是伦敦废弃工业仓库的不毛之地，但随着一批年轻数码创意工作者和企业家的进驻，克勒肯维尔的大街小巷正发生大改变。克勒肯维尔如今已是全英著名的艺术场区，吸引了几百家设计企业进驻。这的Sadlers Wells和Barbican艺术中心时常会举办一些先锋展览，怪诞的行为艺术展和另类装置展都能在这里一展风采。

入围理由：伦敦众多创意园中，位于英国伦敦东北部的克勒肯维尔被认为是最有代表性的一个。若向伦敦艺术家们打听哪里是最好的创意园，肯定百分之百会推荐克勒肯维尔。作为英国著名艺术场所，这里拥有水平一流的音乐、剧院、展览馆、电影与博物馆，还有各种酒吧。

创意指数：★★★★

艺术指数：★★★☆

综合指数：★★★★

温馨提示：克勒肯维尔位于英国伦敦东北部，这里有众多剧院、展览馆、博物馆，其中很多是免费的，这里每年还会举行克勒肯维尔建筑美术展，吸引众多美术爱好者前来参观。

Top6：北京798艺术区 旧工厂的华丽转身

简介： 斑驳的红砖瓦墙，错落有致的工业厂房，纵横交错的管道，墙壁还保留着各个时代的标语。马路上穿着制服的工人与打扮时尚前卫的参观者相映成趣，历史与现实、工业与艺术在这里完美地契合在了一起，这里就是北京798艺术区。这里汇集了画廊、设计室、艺术展示空间、艺术家工作室、时尚店铺、餐饮酒吧等众多的文化艺术元素。各类文化机构400余家，分别来自法国、意大利、英国、荷兰、比利时、德国、日本、澳大利亚、韩国、中国大陆、中国台湾、中国香港等国家和地区。

入围理由： 如今，798已是世界上炙手可热的艺术区，并被列入第一批优秀近现代建筑保护名录，成为中国文化艺术的展览、展示中心，成为国内外具有影响力的文化创意产业集聚区。来自世界各地的艺术文化都在这里呈现。无数场艺术盛宴都在这里掀开帷幕。

创意指数：★★★★

艺术指数：★★★

综合指数：★★★★

温馨提示： 北京798艺术区位于北京市朝阳区酒仙桥大山子地区，艺术区平均每天都有多个艺术展开幕，每年8月或者9月会举办“798艺术节”。

Top7：美国鱼雷工厂艺术中心 炙手可热的设计基地

简介：亚历山大市的鱼雷工厂艺术中心的前身与战争息息相关，它在一战时期是制造鱼雷的基地，在二战时期曾作为存放武器弹药的仓库，直至20世纪60年代被废弃。后来在1974年，一群当地艺术家以低廉价钱租用了这个弃置的工厂，慢慢将其建成艺术工作室。近年来，鱼雷工厂艺术中心迅速发展成弗吉尼亚州一个著名的创意旅游景点以及美国炙手可热的设计基地。

入围理由：鱼雷工厂艺术中心这个世界著名的艺术中心距华盛顿不远，这里聚集了不少当地的艺术家，有80多个工作室在这里落户，超过165位视觉艺术家在这里从事艺术创作，类别包括雕塑、绘画、珠宝、摄影等。在这里，游客可以像串门一样拜访各个艺术家在工厂中的工作室，看那些正在制碗的陶艺家、正在绘制彩色玻璃窗的艺术家是怎样工作的。如果游客看中哪件艺术品，还可以当场买下来。

创意指数：★★★

艺术指数：★★★★

综合指数：★★★

温馨提示：艺术区免费向公众开放。开放时间：上午10时至下午6时，逢星期四延长到晚上9时。各工作室和画廊开放时间略有不同。

Top8：韩国首尔Heyri 艺术中的温情一面

简介：不说还真不知道，首尔如今的“野心”在于打造世界设计之都，而其创意事业在近几年也是飞速发展，在首尔附近，也就出现了一些设计创意区。Heyri艺术谷就是其中一个很特别的创意园区。这个艺术谷是一座由韩国作家、电影界人士、建筑师、音乐家等多领域艺术家群居的文化村，面积约49.5万平方米。在Heyri艺术谷中，除了一般的居家住所外，更有艺术家们的工作室、美术馆，众多不同类型与功能的建筑共同形成了一个集创作、展示和家居为一体的复合型空间。

入围理由：走进艺术谷，会发现这里的建筑都十分有型，比如以铁丝网包围的四方小楼，桥结构的屋子等，不同风格的艺术馆、博物馆以及咖啡厅、餐厅、书店给人极强的视觉冲击。公共园区内也有不少艺术家制作的各种装置艺术雕塑。盛开的红色花朵、红色的烟囱雕塑，甚至有可爱的卡通人物形象，栩栩如生地点缀其间，令这个艺术谷多了些许温情。

创意指数：★★★

艺术指数：★★★★

综合指数：★★☆

温馨提示：由于Heyri艺术谷并不是旅游景点，因此也没有游客问询处或是其他方便游客的设施，园内的设施指引全都是韩文的，对游客来说并不是太方便。从首尔明洞搭乘地铁3号线至大化总站，5号出口转乘约20~30分钟一班的200号巴士前往，全程约1小时45分钟。艺术谷内的博物馆、艺术馆以及咖啡厅、餐厅等设施开放时间为早上10时到晚上7时。

Top9：上海M50 藏在仓库里的酷炫时尚

简介：上海总有许多令人惊喜的地方，像莫干山路50号，原是一家纺织工厂所在地，现今却焕然一新，以M50招牌号召全球各地的艺术工作者聚集于此，包括瑞士香格纳画廊、法国东廊艺术、英国领事馆文化艺术处艺术家工作室、加拿大艺术景画廊等。这群充满艺术细胞的创造者，让源源不绝的灵感在老厂房内生根。M50聚集了风格迥异的画廊、工作室，从事建筑、装饰、家具设计的公司也纷纷入驻，甚至一些时尚的品牌服饰店、艺术书店、音乐商店也占据着一些小仓库。老式的铁栅栏玻璃窗，被改造为独特的logo；年久失修的通道，被行为艺术家融合成雕塑的一部分，配上路边精致的路灯，许多时尚元素将M50点缀得生机盎然。

入围理由：M50创意园是上海最早的创意产业集聚区之一，也是目前上海最具规模和影响力的创意产业园区之一。还被美国《时代周刊》杂志贴上“上海时尚地标”的标签，列为推荐参观之地。这里成功举办了2005上海国际服装文化节、2005时尚之夜、法国工商会、宝马车展、诺基亚及西门子产品推广等一系列时尚活动，使之成为苏州河边独特的人文景观和上海时尚文化新地标。

创意指数：★★★

艺术指数：★★★

综合指数：★★☆

温馨提示：M50位于上海市普陀区莫干山路50号，乘坐公交76、105、13、63、941、166、922路或地铁1号线都可以到达。

Top10：意大利托尔托纳 打造非凡创意神话

简介：米兰的托尔托纳，十年前和798前身类似，也是米兰运河边的一座旧工厂。2001年起，托尔托纳这块创意园区搭上全球家具业的“奥林匹克”盛会——米兰国际家具展——的顺风车，把当年最“雷人”的艺术或时尚风貌或前卫设计一字排开供人交流。短短数年，托尔托纳也焕然一新变成艺术家和个人工作室的大本营，小型艺廊、摄影工作室、餐厅、创作空间散布其中，曲折的小巷和低矮的老建筑，随便穿梭每次转弯都有新的惊喜。

入围理由：著名的托尔托纳创意区，虽然坐落在米兰展的展馆外，但是，在每届米兰展都能创造非凡的神话，已经成为米兰设计周最具指标性的展区之一。在这里，你可以看到来自世界不同国家优秀企业的创意PK，同时这里也是众多设计师冲击梦想的地方。

创意指数：★★☆

艺术指数：★★★

综合指数：★★☆

温馨提示：游览托尔托纳地区最佳的时间是每年4月，因为这时正值米兰家具展举行，可以看到更多新锐设计。

B

创意基因

成都创意基础与环境

文

道，成都文化的创意基因

从古至今，成都就有“天府之国腹心”的美誉。一千六百多年前成书的《华阳国志·蜀志》中所描述的“水旱从人，不知饥馑，时无荒年，天下谓之天府也”精辟概括了成都的自然地域风貌，这里的安逸与富庶，从古至今都为人们所向往。

然而，这个带有梦幻色彩的称谓并未完全触及这座城市的文化基因，它描绘了农耕社会的灿烂图景，更偏向于物质层面的表达，而非精神层面的追问。是“道”，孕育了成都的精神内核“平衡两极”。“平衡两极”所滋生出的包容与整合，并未使这座城市丧失自己的文化根脉，这是贯穿成都文化禀赋的关键。道家思想像水一样滋润着这座城市，它的柔软，最终塑造了一种文化的韧性，也定格了一种文化的创意基因。

道文化塑造城市性格

成都是一座什么样的城市？这并非一个易于回答的问题。杜甫看到了映阶碧草的春色，陆游看到了海棠十万株的盛景，柳永看到了浣花溪畔的如画风光，贾樟柯

看到了成都人闲适的步伐，王志刚则看到了成都人的幸福指数……

这里曾经孕育了灿烂的古蜀文明，有文人墨客书写的诗篇歌赋，有深厚的东方人文底蕴，有达官贵胄留下的圈层遗影……有太多书籍和文章记载过成都的历史文化，散居在时代碎片里的论述和感悟，从不同的侧面反映了这座城市的文化气质和精神属性。

无论时代如何变迁，成都的城市气韵始终有一条清晰的传承线索，这里流淌着道家思想的血液。它是成都的文化之母，孕育出这座城市数千年的文明历程。

众所周知，道家思想以老子为鼻祖，并派生出了道文化，而道文化又滋生了成都的文化气场——休闲与进取、传统与前沿、慢生活与快节奏等各种相反相成的生活方式。以“阴”、“阳”两面为核心所建立起来的道家思想里，包含着古老的对立统一的哲学观，它对成都的城市气质具有决定性影响。老子最早提出了对立事物相互依存的辩证关系，在他看来，万事万物都“有无相生，难易相成，长短相形，高下相倾，音声相和，前后相随”。

道家思想中的这一核心要义对成都的精神特质影响极大，对立面的协调统一，在这里演变成为“平衡两极”的城市性格，从而使这座城市在漫长的历史进程中臻致中和完美、大象无形的非凡气度。许多看似矛盾的表象，在这座城市里都能生发出一种独特的和谐之美。

在这里，任何极端都是可以被泯灭的，任何对立都是可以被消除的，任何交锋都是可以和解的。成都，好比一个巨大的熔炉，任何看似激烈的个体进入这里，最终都会与这座城市融为一体。

传统与时尚：柔软的碰撞

唐代大诗人李白曾有诗云“九天开出一成都，万户千门入画图”，这是形容唐代成都的富庶与秀丽。有人曾说，成都是被上帝亲吻过的土地；也有人抱怨，这里小富即安，过于安逸。

然而，他们并不了解，成都的城市气场虽柔软，却不柔弱，少有野心，却满怀理想，含有润泽万物于无形的力道。好比道家之太极，不以刚猛取胜，但以自然圆通、万物生克之法降伏戾气，造福四方。任何对立的两极，似乎总能在这里彼此交融，达成共识……

成都人好辛辣，川菜以“一菜一格，百菜百味，擅用麻辣”闻名，但辣椒孕育出的人民却怀有温润婉约的性情，他们不争强好胜，生活怡然自得。

因历史上少经战乱，加之物产丰富，成都一直以来都被誉为“中国后花园”，这里常年自给自足，与世无争，陶醉于方寸地域。然而，与此相应的开放与包容也构成了这座城市的核心气质，这里接纳过无数落魄文人、绝命英雄，对外来事物从不排斥，一概接纳，并为我所用。

这里渗透着数千年的农耕文明，同样也散发着现代风尚的迷人魅力。如今，两千三百多年的人文传承依旧在这里清晰可见，而当下之时尚潮流也绝不因盆地的阻碍而落后半拍。

在成都，时尚可以是生活方式，也可以是科技潮流，甚至是制度建设；同样，传统既可以是时过境迁的宫廷文化和民间技艺，也可以是活生生的下里巴人的生存状态，以及鲜活的草根语境。

“城不改址三千载，址不改名二千五。世界历史都市林，锦城文脉如琏瑚。”这里拥有独具特色的古蜀文明，也拥有最完整的民俗文化。那斑驳的城墙、沿用至今

的地名、飘着茶香的老巷子，让人顿生一种行走在历史中的错觉。

然而，即便是当年的华西坝，留给人的印象也绝不仅是红墙绿瓦，这里还有最前沿的口腔医学。更早之前，清末出版的《成都通览》中，随处可见西式的机器、报馆、铁路、电报，以及西方人旅居成都的生活片段等等。

这座古老的城市如今已是中国奢侈品第四城，是西部商贸中心，吸引了众多世界五百强企业和外国领事馆入驻……它有如此巨大的包容性和吸附力，好比一个时空穿梭的汇聚点。你很难想象，从时间裂缝中蹦跳出来的各种元素，可以在这里交织得如此井然有序，毫不冲突。

对于那些习惯了城市中无处不在的二元对立现象的人来说，成都的平衡之道实在令人称奇，成都人的梦想，也隐藏在这看似简单却内藏大千世界的太极法则中。

和谐包容是平衡两极的必然结果，它从文化层面造就了独一无二的成都。正是这种精神风貌和性格内涵，熔铸成了一种生生不息、历久弥新的城市精神，构成了这座城市的灵魂，成为成都人永久守望的精神坐标和外地人了解成都的心灵锁钥。

市井与艺术：亲密共存

爱尔兰剧作家萧伯纳曾说："改变世界的是这样一群人：他们寻找梦想中的乐园，当找不到时，便亲手创造了它。"一代又一代成都人用他们的智慧和双手缔造了这座城市，让许多向往理想生活的人们在这里找到"梦想中的乐园"。它的致命诱惑，无形中牵引着许许多多渴望回归与享乐的人群。

悠闲、冲淡、从容的生活方式，历经千年沿袭，早已渗透进这座城市的骨髓里。若论休闲之都，偌大中国恐无第二座城市敢与其争锋。成都之休闲，得益于得天独厚的地缘环境，天府之国，居于盆地，四面环山，少于战乱，且气候宜人，草木旺盛，农耕发达，百姓富庶。正因为这些原因，才造就了这座城市无比优雅的气质。

正如当代女诗人翟永明所言："成都的闲散生活方式和缓慢的节奏，在现代依然带有浓厚的农耕色彩。这样一种环境，无论历史还是当下都适合艺术和诗歌的生存。成都的气场对我写作是有影响的，可以说是一种滋养吧，生活节奏缓慢，气候舒

适、温和，就会有更多的时间来体会生活，不是匆匆忙忙对生活浮光掠影，可以慢慢品味生活，比较接近古代的生活方式。”

悠闲生活带来的另一个现象是，成都的世俗文化异常强大，这里的人们，陶醉于物质层面的享乐，中国人基因中对世俗生活或者说吃喝玩乐的热衷在成都人身上体现得尤为明显。

有人说，山东出好汉，四川出神仙。外省人往往羡慕成都人的逍遥快活：趿一双千层底的布鞋，捏份一块钱的报纸，在锦江边、宽巷子、人民公园，或者随便一条小街的露天茶馆里，靠着暗黄色的竹椅，点根烟，天上人间地摆龙门阵，或是摆个POSE闭目养神。衣着各异的人们，喝着不同价钱的茶水，晒着同样的太阳，消耗着不知道是否同样价值的光阴。

成都人极爱麻将也是出了名的。在精致的高档茶馆、僻静的小街小巷、喧闹的农家乐、现代化的电梯公寓……只要有人聚集的地方，都能听到噼噼啪啪的麻将声响个不停。从爱嗑瓜子闲谈的街坊大妈，到衣着时尚的都市白领，甚至是事业有成的企业老总，都离不开那张小小的绿色方桌。下班后、过节时，总能在成都的各个角落里听到麻将声此起彼伏，酣畅又痛快……

但是，麻将文化和茶馆文化的繁荣，并不代表成都是一座只有市井之气的城市，事实上，这里从古至今都不缺乏诗歌和艺术。司马相如、扬雄、李白、王维、杜甫、白居易、李商隐、苏轼、黄庭坚、陆游……中国古代的大诗人们或游历或定居于此，总会留下脍炙人口的诗章；改革开放以后，一批批诗人和艺术家在这座适合艺术创造的城市里停留、扎根。成都，也因此被誉为当代诗歌重镇。

成都的悠闲与从容，与其他城市盲目扩张、追求速度的情况形成鲜明对比，它和过去一样，依旧在这个风云变幻的时代里独立生长、孑然于世，这使身处其中的人们能够沉浸在自己的小世界里，沉醉于生活本身，感知灵魂最深处的悸动。艺术创造，需要安静的精神归宿和从容的心态，当许多城市都陷入一片喧嚣之时，成都的平和与淡定，为艺术的萌芽提供了最适宜的土壤。

平衡两极的法则再次发挥了它的神奇效应，无论时光如何变迁，城市如何扩张，成都始终没有丢弃最宝贵的“神韵”：这里是平民的乐园，也是富豪的家园。这里有高雅出世的精神文脉，也有永续不断的人间烟火。市井与艺术，就这样毫无罅隙地共存于这片土地上。

成都智慧，创造生活

顺着亚里士多德的箴言，一些触及人类生存根本的命题会跳出来随时敲击我们的神经：人是城市生活的创造者，也是城市生活的体验者。什么样的城市能让生活更美好？城市人向往的是怎样的生活？

当我们理所应当地认为现代化就是高速度，并在巨大的生存压力和内心欲望的驱使下不由自主地陷入快速激烈的都市竞争中时，城市慢生活便悄然生长起来。现如今，无论西方还是中国，都市快节奏都催生出了各种让身心放松的慢运动。比如慢跑、太极、瑜伽的兴起，就是人们在快节奏的生活压力下所进行的自我调适，使人不至于在时代的高速列车中迷失心灵的方向。

对于快节奏和慢生活的融合，成都人似乎拥有与生俱来的天赋——美好的生活，不该只有快节奏的激励，也理应包含慢生活的滋润，这同样是“平衡两极”的体现。成都人深谙此道，他们知快守慢，张弛有度。他们对慢的理解，通俗化的表达就是：拼命工作，尽情休息。这是成都式的智慧。

“无为自然为养生之心”这一思想在成都人身上有深厚体现。如果理解不了“平衡两极”的文化基因，那么就无法感知成都慢生活的本质，自然也不能体会成都人是如何做到在“快节奏”和“慢生活”中取得的平衡之道。

“慢”是成都人的生活节奏，所以他们温和而圆润，创新而有条理。他们一边呼朋唤友喝茶聊天、一边从容不迫地打理生活；他们习惯于在茶馆里纵论风云，也喜欢在饭桌上交流事业心得。

成都人有自己的骄傲，他们不需要依靠快节奏来证明什么，因为这座城市从来不缺乏创新与视野：全世界最早的纸币“交子”诞生于此，全世界都爱的大熊猫在他们的精心呵护下茁壮成长，世界水利文化典范都江堰水利工程至今依旧润泽着天府之国……

这座城市的发展历史表明，慢生活并不意味着自闭与落后。知快守慢是一种辩证思维，它让这座城市的人民得以居一隅而观天下。

你会发现，“平衡两极”所孕育出的包容与整合，并未使这座城市丧失自己的文化根脉，这是贯穿成都文化禀赋的关键。成都从来都不信奉激烈与对抗，这座城市默默坚守着自己的精神气韵——所谓大象无形，大音希声；所谓桃李不言，下自成蹊。

文

创意是“闲”出来的

唐代人有种说法叫“扬一益二”，也就是说，除了当时的都城长安外，在“州”这个层面，作为天府之国腹心的益州，它仅次于扬州，名列第二。几千年来，钢筋混凝土取代了这座城市的土木建筑，但沉淀其间的人文底蕴一直没有改变：薪尽火传的人文精神和源源不断的文学创意，永远是成都的名片。

人文积淀深厚之地，在文学领域定能开出一树繁花。人的精神创造力，既构成了人文成都的经脉，也是成都文脉的高度凝聚。在这当中，文学无疑是反映人文精神的一面镜子，“文学成都”与“诗歌成都”，则成为了人文成都的现实投影。只要在成都生活过一段时间的人，就一定可以在这座城市的寻常巷陌中寻找到杨雄、杜甫、李白、薛涛、苏轼、苏洵、苏辙、杨慎和巴金、李劼人、沙汀、艾芜、流沙河笔下的氤氲气息。

文学艺术是“闲”出来的，创意也是“闲”出来的。也许是成都的湿润和闲散，滋生了文人的灵感和创意。朱自清曾经说过：“雨蒙蒙的春天，走在长花草的小道

上，可谓‘天街小雨润如酥’，那风景，那情趣，真是叫人‘闲’到心里、骨头里去了。若是在庭院踱步中，看见一些落花，气定神闲地飘在微尘，贴在软地，那分心境，更是‘闲’得没影儿。”成都雨多、花多、树多，活生生透出一股“闲”来，在很多文人眼里，能够在四川、在成都搞创作是多么幸福啊。

文人的创意就是其作品。有创造力的文人胸中有丘壑，笔下有乾坤。被后人称作“赋圣”和“辞宗”的西汉大辞赋家司马相如，为蜀郡（今四川成都）人，《子虚赋》、《上林赋》、《长门赋》、《凤求凰》和他与卓文君的美丽爱情故事最为后人称道。今天位于成都市通惠门的琴台故径，相传为司马相如弹琴处，并在此处与卓文君相遇，其时司马相如弹琴，卓文君卖酒。不管其诗文还是浪漫的爱情传说，都为成都文学创意写下了浓墨重彩的一笔。与卓文君、花蕊夫人、黄娥并称“蜀中四大才女”的唐代女诗人薛涛，曾居浣花溪（今浣花溪公园）边，写得一手好诗，还亲自制作桃红色小笺。薛涛自贞元初（785年）退隐于成都西郊之浣花溪甚久。浣花之人多业造纸，但篇幅较大，不便写作小诗，她在成都浣花溪采用木芙蓉皮作原料，加

入芙蓉花汁，制成深红色精美的小彩笺，是为“薛涛笺”，即后世流行之红色小八行纸，多用于写情诗情书，表达爱慕思念之意，在当时及后世极为流传。才思敏捷的文人将创造力和才情运用到了文学和与文学有关的所有场合，将美丽和灵感永远留在了蜀地。

因为有文学的创意延续，成都文学就一直鲜活。巴蜀文坛多奇才、怪才。现当代的成都作家巴金、李劼人、柏桦、流沙河、魏明伦……都不是中规中矩地从事常规写作，他们的行文风格，他们笔下的成都人和事，无不充满天马行空的想象力和这个城市独有的趣味幽默。

不管朝代如何更迭，文人的思想和境界如何变迁，成都真正留下的是一个创意的精神现场——能不断成就文人的写作氛围，这才是成都文学创意能一直延续的真正原因。文人一旦进入这个氛围，就会被它召唤，被它感染，而这个氛围也会吸引更年轻的文人在此展开他们的创意之旅。

食

舌尖上的创意

成都是四川省的省会，天府之国的腹心。2010年2月，成都被联合国教科文组织正式授予“美食之都”称号，成为全球第二个、亚洲首个获此殊荣的城市。

成都的美食以川菜为主体，承载了两千多年的文化底蕴，历代名人及名作，在涉及成都风物人情时，往往离不了美食。成都美食也是成都独特生活方式的绝佳反映，成都人民因其优越地理条件而形成了悠闲、安宁、心性开阔，乐知天命的生活态度，而这都在一酒一菜中娓娓道来，平民文化的烙印深深地镌刻美食中。成都美食也是成都乃至四川的外交大使，从誉满全国到走向国际，成都美食漂洋过海，跨越地理文化界线，已成为成都乃至四川的一张国际名片。成都美食更是成都城市精神的象征，在美食的形色味香当中，一个朝气蓬勃、活力十足的生活之都、创新之都、品质之都展现在世人眼前。

每一道菜都是一个创意故事

食在中国，味在四川。这是老天爷赏饭，旁人只有羡慕干瞪眼的份儿。四川复杂的地理环境、高低海拔落差以及各异的气候条件，让蜀地拥有极为丰富的物产资源，也孕育了各种各样的食材。

在川人的法则里，味道重于一切，爱尝鲜的四川人从来不会把自己束缚在一张简单乏味的食物清单上，他们怀着对食物的理解，用天赐的食材，依照本地人的饮食习惯，慢慢摸索完善，在不断的尝试

中寻找转化的灵感，将创意蕴含于食物中，不断玩花样儿，琢磨出一道道美味佳肴，形成今日川菜百菜百味、变幻莫测的风格。

麻婆豆腐、钟水饺、宫保鸡丁、老腊肉、赖汤圆……在四川，几乎每一道菜的背后都有一个历史悠久的创意故事；每一种神秘的味道，都是匠人对食材的全新演绎。比如“川菜之魂”郫县豆瓣的诞生：清朝咸丰年间，陈氏后人陈守信，发现盐渍辣椒易出水，不宜保存，遂在祖辈的基础上，潜心数年，先以豌豆加入盐渍辣椒吸水，效果不佳，再换胡豆瓣，依然不佳，后来借鉴豆腐乳发酵之法，加入面粉、豆瓣一起发酵，其味鲜辣无比。他在郫县创立“益丰和酱园”，开始尝试使用蚕豆和面粉混合发酵，并与盐渍辣椒混合的生产技艺，生产出了正宗的郫县豆瓣。再比如夫妻肺片：清朝末年，一对成都夫妇将回族同胞丢弃的牛的内脏“废片”作为原料，经精加工、卤煮后，切成片，牛肚白嫩如纸，牛舌淡红如桦，牛头皮透明微黄，再配以夫妻俩精心搭配的红油、花椒、芝麻、香油、味精、酱油和鲜嫩的芹菜等调料凉拌，是以“废片”颜色红亮、软糯入味、麻辣鲜香、细嫩化渣。这些川人并非美食家，他们对味道的追求和创意也往往无法用文字记录，但这些存于味蕾的记忆和坚持，被一代一代流传下来，并且不断革新和再创造，成为一代一代四川人的味蕾记忆和文化情怀。

四川人是名副其实的好吃嘴，爱吃，舍得吃，会吃，还要吃得安逸。不仅在菜肴方面独具匠心，创意无限，在小吃方面也是下足功夫，精品不下百种。曾经有资深“吃货”罗列过，在成都，一个月可以这么吃：1号烧烤、2号烤鱼、3号小龙虾、4号干锅、5号猪蹄面、6号凉粉、7号钵钵鸡、8号煎蛋面、9号豆汤饭……15号火锅、16号狼牙土豆、17号担担面……28号冒菜、29号甜水面、30号冒脑花、31号麻辣兔头。如果你有幸生活在四川，这些美食是你寻常生活中的一部分；如果你来四川，建议你按照这个月历表去一一品尝，边吃边听四川人给你讲每道小吃背后的故事，你一定会惊叹，每一道美食都是一个灵感的闪现和一次创意的凝结。

牙缝里挤出创意文化

在四川，最具创意的美食，来自民间最有创造力的食客，他们就是最好的美食家。我们相信食物是创造力的催化剂，同时也分享这令人兴奋的文化转变，所有这些充满想象力的转化，它们所打造出的风味和对营养的升华令人叹为观止，并且形成了一种叫作“文化”的部分，得以传承。在四川，我们传承舌尖上的创意，也传承舌尖上的文化。

四川美食的创意还体现在令人回味无穷的精神层面。比如川菜，就具有突破效应，川菜能广采各地烹饪之长，博纳中外饮食之优，在吸纳当地饮食优点的基础上能融会贯通，使川菜能迅速地在各个地方被当地人所接受，并能开花结果。

广泛效应也是不可少的，正宗川菜由五大菜式组成：宴席菜式、三蒸九扣、民间小吃、大众便餐、家常风味。因其菜式众多，受众颇为广泛，能被世界各地区、各民族所接受、喜爱。

延伸效应充分说明了川菜的创意性，川菜是综合载体，川菜身上烙下了浓浓的四川印象。再加上能够兼容并蓄，不断创新，因此在川菜身上能够延伸出大量信息，从食材、技法、配料、工具、器皿、环境、习俗到历史文化、地理、经济、社会都能一一得到体现。比如菜品用竹篮子、瓦缸、土陶等搭配，直接体现了川人的生态意识。

最终，美食的创意造就了美食的品牌效应。饮食的交流不易受政治、经济、社会、文化等方面的影响。饮食文化的域外传播，为提升中国的民族美食影响力起到了重要的作用。川菜作为“文化使者”不仅在中外经济政治文化社会的外交过程中起到了一个桥梁的作用，更是形成了自己的品牌效应。

言

方言，装点日常生活

方言，是包围着城市的气场，是语言艺术魅力的个性化体现。

只要你生活在这座城市，你就无法回避方言的滋润。成都人在数千年的生活中形成的独特语言，如潺潺流水一般，流淌不息。

机智、幽默、通俗、精辟、有创意，成为了成都方言的最大特色。从成都出土的说唱俑，到源远流长的川剧艺术；从方言剧《抓壮丁》，到散打艺人李伯清；从《猫和老鼠》的方言配音版，到牙尖帮的出现，成都方言永远都那么新鲜迷人，并富有创意地融入在这座城市里。

入乎其内 出乎其外

王国维有种文学理论是说：人的感受要入乎其内，而又要出乎其外。

我想对于语言，也应该是这样的吧。

成都是一座移民城市，所以成都话，理所当然就是一种移民语言。

李伯清把成都方言的发展推向了一个高潮。他创造出了一种全新的成都方言艺术方式，并冠之以“散打”之名，在博得听众们笑声的同时，也使得评剧这种传统的艺术形式展现出了全新的魅力，成为了四川老百姓的新宠。

李伯清的语言，在插科打诨之间充满了慧黠和幽默，这种慧黠与幽默正是借用成都方言其本身的创造力得以诠释和体现。

近几年，随着牙尖帮出现，成都方言的创意艺术，更是得到了更多层面的展示。不过，“牙尖”这个地道的成都方言词汇，却基本上没有与之非常贴切的普通话可以解释，相近一点的应该是“八卦”。但在具体使用的时候，却会因为上下文的不同而产生或褒或贬的不确定性。

不过，正是因为牙尖帮们的“好玩”之作，使得成都方言的运用领域得到了拓宽。当人们被铺天盖地的港台、日韩音乐或电视剧所侵袭的时候，一种另类的声音为他们撕开一条新鲜的裂缝。也就是说，当成都话发展到一定程度，必然会有当代的年轻人将其与当下最时尚流行的元素结合起来，成为一种既本土又“IN”的门类。

归结为一句话：在商业环境中需要一种边缘化的创意产品，牙尖帮也就相应出现了。一台能够正常运转的电脑，一套音乐编辑软件，一个可以出声的麦克风，就可以造就一夜成名的成都方言说唱歌手——谢帝（网络方言歌手，代表作品《老子明天不上班》）。

无独有偶，四川方言版《猫和老鼠》大获成功后，“假老练”万喜、“闷墩儿”陈利亚等尝到了甜头，后来所出专辑《市井百态串串香》销量一路飙升。

不管是李伯清的散打还是牙尖帮的流行，都有一个铁打的规律暗藏在其中——真正的方言艺术，只要有观众喜欢，就具有生命力。

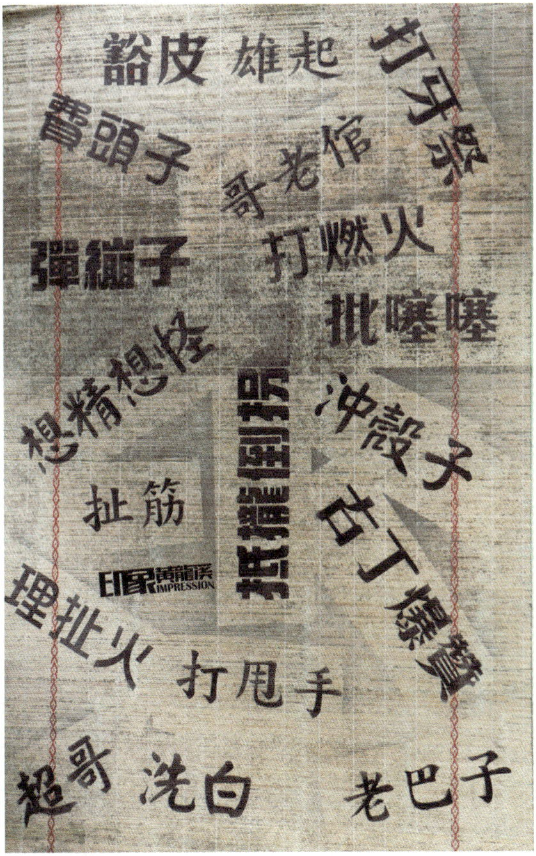

成都方言的N种创意

“牙尖帮”的成功就是这么简单。他们将流行音乐歌词“篡改”成市井生活故事，再用“成都方言”演唱，使得方言创意一度在网络上形成一种流行趋势。

他们的作品在网上日点击率有时高达上千上万次，拥有大江南北数以万计的铁杆“粉丝”。

2010年，在成都的宽巷子有一家小店门口，挂着一张写了10个方言词汇的宣传画，每个词后附有详细解释，方便外地游客理解。“耙耳朵”印章内设计了耳朵形状，让人联想到两口子吵架的时候，妻子满脸怒容使劲揪住丈夫的耳朵，是非常具有喜剧效果的。图案幽默又富有美感，这让外地游客对成都方言特别感兴趣，争相模仿学习。方言印章不仅满足了他们的喜好，盖章的同时也推广了成都的语言文化。

另外，中外游客凡到成都，都会有模有样地吼上几句成都话。一是因为成都方言“有盐有味”，说起来很是具有喜感；二是因为成都方言抑扬顿挫让外地人十分欢喜。

“管得你的哦，拉豁就拉豁，老子家具都不拖。”这句话是李伯清调侃自己的一次经历。一次他在台上表演的时候，一位女子上台献吻，之后他舍不得擦额头上的口红印，朋友好意提醒他赶快擦掉，免得回家被妻子看到。李老师碍于面子夸下海口，自己就是不愿意擦掉口红印，就算老婆为此与自己离婚也在所不惜。“拉豁”这个词在成都话中意义等同于“离婚”，“豁”字有缺口、缝隙之意，“拉豁”含扯出缝隙、缺口的意思。这个词形象化地描绘出夫妻之间的离婚，如同将完好的东西生硬地拉扯出缺口，甚是生动、明了。

有时想想，真的，还有哪种方言会如此生动而又形象呢？而这一形象生动的成都方言，正是在成都的日常生活中无意创造出来的。

比如“勾兑”一词，给人的第一感觉好像是厨师用他那柄大勺在每个调料碗之中勾起一些调料，然后一齐放入锅里炒，片刻之间一碟色香味俱佳的美味便诞生了。如此活色生香的一个词语，就这样出自于川菜故乡的烹饪艺术之间。

不仅如此，在成都方言的使用过程之中，也是十分有创意的。就拿前面说的“勾兑”使用来说吧。和上级搞好关系可以说“勾兑”——勾兑关系；男生看上了一位女生并借着种种方式去接近她可以说“勾兑”——勾兑感情；甚至向领导送礼、行贿也可以说成“勾兑”——工作上的勾兑。

一般而言，在成都人的意识当中，“勾兑”这个词语带有一定的暧昧色彩，显得不那么光明正大。而在平时朋友之间的对话当中，“勾兑”却不一定是个贬义词，它含有一点小聪明、小滑头的意味，有那么一点玩世不恭，也有一些放肆。可以说，它在时下的成都年轻人口中是一个出现频率相当高的词语。

这就是成都方言的创意艺术。

技 - 古老技艺

古老技艺的成都范儿

在日新月异的现代社会，我们面临的生活中的一切，比过往任何一个时代都急剧地发生着改变。全世界每日约36.5万人诞生，15.3万人逝去。在这样的大背景下，由人而来的古老文化、技艺，也难免将随人而往。传承，变成一个很让人沉重的话题，而越来越受到人们关注。人生在世，弄清楚自己站在过往先辈怎样高度的肩头上，又应该如何在自己的时代去芜存精，把最有价值的答案告诉后辈，算是当下第一要务。

四川，古称“蜀地”，人们在这里休养生息数千年。像“古老技艺”这种课题，笔者无论怎样列举探讨都只能挂一漏万。还有，以前的工匠都有一种意识，就是渴望得到认可，他们要生存必须要有好的工艺和技术。那么，为什么现在的工人做得不如以前，就是因为当时的人渴望学好一门技术，靠那个吃饱饭，这对于手艺的进步是很好的。更重要的是，古代匠人艺人的创造性、创意性，使得众多的古老技艺充满生命力，生生不息，得以传承，书写了社会进步和发展的历史。

成都是一座历史文化名城，丰富、多样的古老的技艺犹如璀璨的珍珠镶嵌在成都的文明衣冠之上，散发出创意无限的光芒。本文将从四川成都尚存的、影响力大的工、艺、技给大家作整体的展示。

都江堰

公元前256年，战国时期秦国蜀郡太守李冰率众修建的都江堰水利工程，位于四川成都平原西部都江堰市西侧的岷江上，距成都56公里。该大型水利工程现存至今依旧在灌溉田畴，是造福人民的伟大水利工程。其以年代久、无坝引水为特征，是世界水利文化的典范。这项工程主要由鱼嘴分水堤、飞沙堰溢洪道、宝瓶口进水口三大部分和百丈堤、人字堤等附属工程构成，三者有机配合，相互制约，协调运行，引水灌田，分洪减灾，具有“分四六，平潦旱”的功效，科学地解决了江水自动分流（鱼嘴分水堤四六分水）、自动排沙（鱼嘴分水堤二八分沙）、控制进水流量（宝瓶口与飞沙堰）等问题，消除了水患。

都江堰是由渠首枢纽、灌区各级引水渠道，各类工程建筑物和大中小型水库和塘堰等所构成的一个庞大的工程系统，担负着四川盆地中西部地区7市（地）36县（市、区）1003万余亩农田的灌溉、成都市50多家重点企业和城市生活供水，以及防洪、发电、漂水、水产、养殖、林果、旅游、环保等多项目标综合服务，是四川省国民经济发展不可替代的水利基础设施，其灌区规模居全国之冠。都江堰灌区是四川省经济最发达的地区，也是四川政治、经济、文化的中心地带，可谓“物华天宝，地杰人灵”。

灌区内自然景观、人文景观优美，都市华彩及城镇风光，异彩纷呈，美不胜收。灌区水利，星罗棋布，各展风韵，各具特色，令人赏心悦目。人民渠、东风渠、三合堰、通济堰，碧水荡漾；黑龙滩、三岔湖、鲁班水库，湖光涟滟；龙泉洞穿，天工开物，灵水泉涌。全灌区呈现出“长龙地上走，银河天际流；彩虹起深谷，高峡出平湖”的壮丽图景。

八阵图

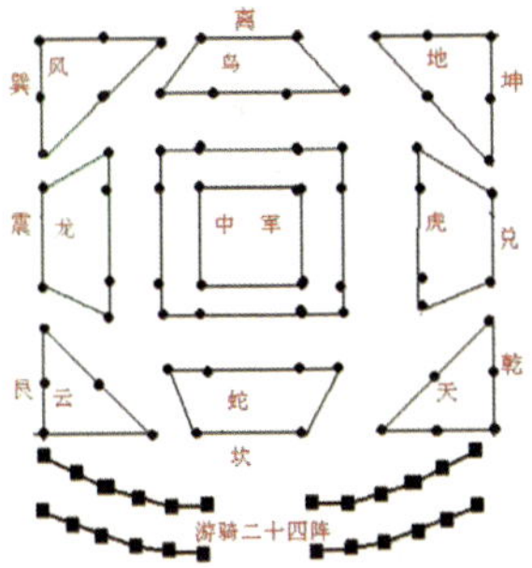

八阵图传说是由三国时诸葛亮创设的一种阵法。相传诸葛亮御敌时以乱石堆成石阵，按遁甲分成生、伤、休、杜、景、死、惊、开八门，变化万端，可挡十万精兵。

八阵图分别以天、地、风、云、龙、虎、鸟、蛇命名，加上中军共是九个大阵。中军由十六个小阵组成，周围八阵则各以六个小阵组成，共计六十四个小阵。八阵中，天、地、风、云为“四正”，龙（青龙）、虎（白虎）、鸟（朱雀）、蛇（螣蛇）为“四奇”。另外，尚有二十四阵布于后方，以为机动之用。

八阵图的特点，正如李靖《问对》所指出的，是“大阵包小阵，大营包小营，隅落钩连，曲折相对”，“内圆外方”；而其构想，则与《周易》是分不开的。八阵的排列，实际是一幅《文王八卦方位图》（即《后天八卦图》）。八阵中的每一阵都由六小阵组成，取《周易》六爻之意。八阵加中军的总共六十四个小阵，与《周易》别卦的六十四卦相合。至于八阵图的奇正之法，即杜牧之《孙子注》所说的“奇亦为正之正，正亦为奇之奇，彼此相穷，循环无穷”，则更是《易》理在布阵中的具体应用。

1981年，成都市人民政府公布八阵图为市级文物保护单位。原占地1.6万平方米，其间以土为垒，垒的形式、大小 、高低变幻不定，大者周长20米，高约7米，低下者逐年漫灭，现仅存五磴半供人考察观览。

孔明锁

孔明锁，相传是三国时期诸葛孔明根据鲁班的发明，结合八卦玄学的原理发明的一种玩具，曾广泛流传于民间，是中国古代传统的土木建筑固定结合器，民间还有“别闷棍”、“六子联方”、“莫奈何”、“难人木“等叫法。不用钉子和绳子，完全靠自身结构的连接支撑，就像一张纸对折一下就能够立得起来，看似简单，却凝结着不平凡的智慧。孔明锁，也叫“八卦锁”、“鲁班锁”。

孔明锁原创为木质结构，外观看是严丝合缝的十字立方体。 孔明锁类玩具比较多，形状和内部的构造各不相同，一般都是易拆难装。拼装时需要仔细观察，认真思考，分析其内部结构。它有利于开发大脑，灵活手指，是一种很好的益智玩具。

近年来，孔明锁逐渐得到人们的重视，它对放松身心，开发大脑，灵活手指均有好处，是老少皆宜的休闲玩具。孔明锁看上去简单，其实内中奥妙无穷，若不得要领，很难完成拼合。

银花丝

银花丝技艺是成都最具特色的汉族传统金银工艺品，这项工艺在明清时就已经达到极高的艺术水平，它与蜀绣、竹编、漆器一起号称成都的“四大名旦”。因为后继无人，银花丝的烧蓝、堆景、无胎成型等技术已经面临失传，而錾片这一技术更是已经失传。錾片技术原本只有原成都金银厂的张老师掌握，但张老师并不愿意将这一技术外传，而其儿子又不愿意学，故此技术在张老师去世后就完全失传了。目前，烧蓝、堆景、无胎成型三大技术也只有一两个人能够掌握而已。

四川成都银花丝制作技艺迄今已有1700多年的历史，现已是国家非物质文化遗产。它以高纯度白银为原材料，造型别致，玲珑剔透，具有浓郁的汉民族特色和独特的地方风格。

银花丝技艺最大的特点，是采用“平填”技术，无胎成形，反映出艺人高超而精湛的技艺。艺人们根据设计图稿，采用不同粗细的纯银丝，先制作出图形边框，再用不同的技法对中间的图纹进行填充和编织。这种独特的技艺令人想起了刺绣及其他手工技艺，全凭艺人的艺术感悟和熟练的手上功夫。再加上填丝、垒丝、穿丝、搓丝焊接等综合技术的运用，一件精美的银花丝产品便在艺人手下诞生了。即使是立体造型的制品、大型复杂的制品、方圆不规则的产品，也一律采用无胎成形法，彰显出这一民间工艺的技术和艺术含量。

成都银花丝技艺中，还有一道关键的工序，那就是白银防变色工艺处理，这就使银花丝产品能在较长时间保持柔和的光泽，不褪色，从而为产品带来衡定的美感。总体说来，银花丝工艺品具有结构严谨、朴素大方、虚实相间、玲珑剔透、典雅高贵的特点，是不可多得的民间手工艺制品。

蜀锦

蜀锦，又称“蜀江锦”，是指起源于战国时期成都所出产的锦类丝织品，有两

千年的历史，大多以彩色经线起彩，彩条添花，经纬起花，先彩条后锦群，方形、条形、几何骨架添花，对称纹样，四方连续，色调鲜艳，对比性强，是一种具有汉民族特色和地方风格的多彩织锦。它与南京的云锦、苏州的宋锦、广西的壮锦一起，并称为中国“四大名锦”。2006年，蜀锦织造技艺经国务院批准列入第一批国家级非物质文化遗产名录。成都蜀锦织绣博物馆是蜀锦工艺的传承单位。蜀锦也是日本国宝级传统工艺品京都西阵织的前身。

蜀锦是中国染织传统工艺的重要组成部分，蜀锦图案在中国工艺美术图案中，占有十分瑰丽的篇章，对中国后世锦缎染织图案的发展，具有承前启后的巨大而深刻的影响。蜀锦图案的取材十分广泛、丰富，诸如神话传说、历史故事、占祥铭文、山水人物、花鸟禽兽等，千百年来不断发展、提炼，具有高度的概括性和艺术水平，其中寓合纹、龙凤纹、团花纹、花鸟纹、卷草纹、几何纹、对禽对兽纹以及方方、晕裥、条锦群等传统纹样仍为广大人民群众喜闻乐见。蜀锦图案经历了2000多年的发展变化，在不同的历史时期具有不同的时代特征。蜀锦图案一个贯穿始终的特征，就是广泛而巧妙地应用寓合纹样。蜀锦艺人善于巧妙选用动物、植物、器物、字纹、几何纹、自然景物以及各种祥禽瑞兽作题材，用其形，择其义，取其音组合成含有一定寓意或象征意义的纹样图案，这就是寓合纹。

蜀绣

蜀绣是汉族优秀的民族传统工艺之一，蜀绣与苏绣、湘绣、粤绣齐名，为中国“四大名绣”之一。蜀绣集中于四川成都，产于四川成都、绵阳等地，在晋代被称为“蜀中之宝”。蜀绣以软缎和彩丝为主要原料，其绣刺技法甚为独特，有100种以上精巧的针法，包括12大类共122种：用晕针、铺针、滚针、截针、掺针、盖针、切针、拉针、沙针、汕针等，讲究“针脚整齐，线片光亮，紧密柔和，车拧到家”。充分发挥了手绣的特长，具有浓厚的地方风格。蜀绣题材多为花鸟、走兽、山水、虫鱼、人物，品种除纯欣赏品绣屏以外，还有被面、枕套、衣、鞋、靠垫、桌布、头巾、手帕、画屏等。既有巨幅条屏，又有袖珍小件，是观赏性与实用性兼备的精美艺术品。比如北京人民大会堂四川厅的巨幅“芙蓉鲤鱼”座屏和蜀绣名品“蜀宫乐女演乐图”挂屏、双面异色的“水草鲤鱼”座屏、“大小熊猫”座屏，就是蜀绣中的代表作。

郝淑萍绣

漆器

用漆涂在各种器物的表面制成的日常器具及工艺品、美术品等，一般称为“漆器”。生漆是从漆树割取的天然液汁，主要由漆酚、漆酶、树胶质及水分构成。用它作涂料，有耐潮、耐高温、耐腐蚀等特殊功能，又可以配制出不同色漆，光彩照人。在中国，古人从新石器时代起就认识了漆的性能并用以制器。历经商周直至明清，中国的漆器工艺不断发展，达到相当高的水平。中国的炝金、描金等工艺技术，对日本等地都有深远影响。漆器是中国古代在化学工艺及工艺美术方面的重要发明。

中国古代所用漆，是漆树分泌的一种汁液，经日晒脱水后，即成为可作涂料的熟漆。同时常在漆中加入桐油一类干性植物油。作漆器时，以木、竹篾、麻布等为胎骨，然后以漆涂其外表，干燥后即可使用。也可在漆中调色，以便涂饰花纹，绘制图案。涂漆既可保护器物，经久耐用，又可使其美观。中国制造漆器的历史悠久。《韩非子·十过》载，虞舜以木作食器，“流漆墨其上”。我国已出土西周至战国的涂漆车辆、几案、盘、豆等器物。新疆鄯善洋海墓出土有公元前475至公元前221年的漆盘。罗布泊高台古墓出土有东汉圆形漆器盖，较上述漆盘更为精美。吐鲁番阿斯塔那墓出土的唐代漆盒为木胎，黑色。

今日中国大陆和台湾，漆器仍是民间工艺的重要组成部分，成都银片罩花漆器便是著名的漆器工艺。

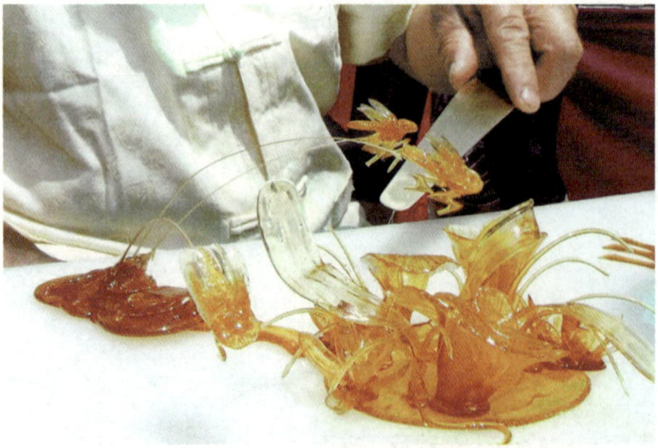

糖画

糖画，顾名思义，就是以糖做成的画，它亦糖亦画，可观可食。民间俗称“倒糖人儿”、“倒糖饼儿”或“糖灯影儿”。分为平面糖画与立体糖画两种。它是地道的民间画种，颇具特色的街市艺术，广泛流传于巴山蜀水之间，是倍受老百姓喜爱的工艺食品。

糖画是一种汉族民间手工艺，以糖为材料来进行造型的。所用的工具仅一勺一铲，糖料一般是红、白糖加上少许饴糖放在炉子上用温火熬制，熬到可以牵丝时即可以用来浇铸造型了。在绘制造型时，由艺人用小汤勺舀起溶化了的糖汁，在石板上飞快地来回浇铸，画出造型，民间艺人的手上功夫便是造型的关键。当造型完成后，随即用小铲刀将糖画铲起，粘上竹签。

糖画的题材有小说、戏曲人物、吉祥花果、飞禽、走兽、文字等内容，以人物和动物的造型最为有趣，若是侧面的形象，便以线造型；若是正面的形象，则用糖料将其头部堆成浮雕状。由于糖料的流动性，即使相同的形象，亦不会出现雷同的造型。民间艺人在长期实践中掌握了糖料的特性，同时根据操作的特点，在造型上多施以饱满、匀称的线条，从而形成了独有的风格样式，给人以美的享受。

瓷胎竹编

瓷胎竹编工艺品又称“细丝工艺品”，瓷胎竹编是成都地区独特的手工艺品，也是四川特产的一种，起源于清代中叶，当时主要用作贡品。由于世道艰辛，技艺几经绝传，20世纪50年代经重新发掘、恢复生产。瓷胎竹编产品技艺独特，以精细见长，具有“精选料、特细丝、紧贴胎、密藏头、五彩图”的技艺特色。

瓷胎竹编产品只有四川生产，以其纪念性、地方性成为中外宾客优选的旅游纪念品。

瓷胎竹编工艺使用的竹材是经过严格挑选的来自成都地区的特产无节瓷竹，经过破竹、烤色、去节、分层、定色、刮平、划丝、抽匀等十几道纯手工操作工序，制作成精细的竹丝。瓷胎竹编所用竹丝断面全为矩形，在厚薄粗细上都有严格要求，厚度仅为一两根头发丝厚，宽度也只有四五根发丝宽，根根竹丝都通过匀刀，达到厚薄均匀、粗细一致，观者无不赞叹其难。瓷胎竹编在制作过程中全凭双手和一把刀进行手工编织，让根根竹丝依胎成形，紧贴瓷面，所有接头之处都做到藏而不露，宛如天然生成、浑然一体。瓷胎竹编产品只使用竹材表面一层，纤维十分致密，同时进行了特殊的处理，能够耐干燥，不变形，不虫蛀，耐水可清洗。

技 - 工业设计

用产品雕琢自然之美

在自然界中，人与万物的生长、繁荣有其本身的规律，而规律并不因个人而改变。然而，现代工业文明的发展却不断冲击，甚至破坏这种神秘的自然规律。工业设计的一个基本思想就是协调与统一，不仅追求产品自身美与实用性的统一，更追求产品与人、产品与环境的协调统一。工业设计，它反映的是社会的意志、用户的需求，同时也在不断探寻人与自然最为朴素、本真的关系。可以说，它是现代工业文明的灵魂。

成都，这个千年古都，拥有着厚重人文底蕴和丰富的文化遗产。它的人文精神、开放精神，以及包容性与生俱来。因此，当成都的本土文化受到国际化潮流冲击时，彼此之间却能达到文化的认同、融合，最终兼收并蓄。这样的特点或个性，都为成都发展工业设计提供了丰厚的土壤。中航工业成都飞机设计研究所所长季晓光则认为，成都有众多在川的央企和研发机构，四川也有非常丰富的教育资源，这种结合对于新技术、新产品、新应用领域的开发和创新，同样会起到一个非常好的推动作用。

事实上，近年来，成都市委、市政府高度重视工业设计产业发展，研究制定了促进产业发展的相关政策措施，积极搭建产业发展平台，在环境营造、鼓励自主创新、提升政务服务水平等方面取得了积极成效，引进和培育了一批具有国内一流水平和成都特色的工业设计企业。目前，成都的工业设计产业已经初具规模，以西部智谷等园区为聚集区，成都已经拥有工业设计专业公司100余家，各级工业设计中心32家。可以说，大力发展工业设计产业，对于成都实施“产业倍增”战略，推进产业结构调整，促进经济发展方式转变具有重要意义。

便携式风光互补系统

奖项：红点奖

简介：便携式风光互补系统是将两种新能源结合，利用方式上的一种创新，拓展了其使用范围。风能发电额定功率400W，太阳能光伏板额定发电功率90W。在操作上基本为两人协同搬运、拆卸及组装。该设备适用对象主要是户外野营活动、游牧民族等移动性较强的群体。外形线条简洁有力，前后保护罩向内收的造型可以在视觉上将体积较大的设备变得更协调，侧面凹陷造型提高塑料件强度。通过三个棱面的组合形式，显得更加动感。铝合金把手两端连接到内部金属结构件，提高使用可靠性。

设计方：成都意町工业产品设计有限公司

银行自助填单系统

奖项：红点奖

简介：银行自助填单系统帮助客户在银行排队时，通过在自助填单系统上读取身份证信息，自助完成所办处理单据凭证的填写与打印等功能。此系统能与排队系统和银行业务系统对接，能有效地提高和优化银行的服务质量。两侧的磨砂玻璃达到防偷窥功能，给操作者安全的暗示。作为一款银行设备，该作品外观简练，与银行大厅的环境相得益彰，寻求稳重、踏实、信任的直线，勾勒出几何形态模块化组合，体现产品的实用性。

设计方：成都意町工业产品设计有限公司

熊猫王子包装设计

奖项： 红星奖

简介： 瓶型的外轮廓设计犹如春笋，瓶口竹节的造型源于中国古代民间以竹盛酒的传统，设计中糅合着传统与现代碰撞。加之黑、银、金的颜色运用，使得酒本身档次得以区分。该作品将熊猫憨态可掬的捂脸形象进行抽象与整合，将眼与手抽象为柔和的面，鼻与嘴抽象为硬朗的点，大与小、曲与直的对比，使包装刚柔并济。

设计方： 成都意町工业产品设计有限公司

便携式徒手心肺复苏指导器

奖项： 2012天府·宝岛工业设计大赛特等奖

简介： 便携式徒手心肺复苏指导器是用来指导医护人员对心脏停止跳动的病人进行心肺复苏按压操作的仪器。在接触患者胸部的下壳体和医务人员手掌按压的上壳体处都设计有符合人体的软胶，减轻大幅度高频率按压对患者身体的伤害和改善医务人员的工作强度。以人性化操作为依托，通过差异化的产品形象定位，创造全新的产品形象。

设计方： 成都意町工业产品设计有限公司

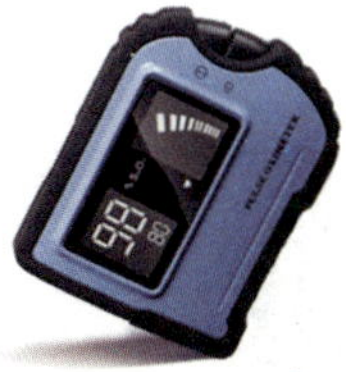

指甲式血氧仪

奖项：红星奖、红点奖

简介：有的医疗产品，外观往往有些“冷酷无情”，而该设计已经转换了角色，从一个“贴身保镖”，变成了“贴心小管家”。设计如此小巧的物件，有时对于使用者来说是灾难，因为尺度过小的操作界面，有可能给用户带来意想不到的麻烦。然而，设计方通过精妙的构造设计，化解了这一矛盾。机灵的自动弹开电池盖使电池的更换变得异常简单，用户不用再为“手笨”而自责。

设计方：成都洛可可工业产品设计有限公司

时尚HIFI耳机

奖项：IF奖

简介：耳机外壳为整体成型，无需拆键。造型上打破常规耳机形式，以简单的单一曲面的变化进行设计，使之做到极简。内部为流线型设计，改变头戴式耳机的一贯耳罩式设计，让耳机更具特色，更有差异化。该耳机在形式上与耳罩式耳机也有很大的区别：在耳机的头弓部分，拉伸耳机的大小只在外壳内部进行变化，外壳整体形态不变，不会因为伸缩的功能而破坏整体的形式。是目前市场上第一款能调节耳机大小但不破坏整体外形的头戴式HIFI耳机。这款耳机配有耳机线，截面为三角形，并且拥有专利，材料上也很特殊，细线也可以做到不缠线。

设计方：成都洛可可工业产品设计有限公司

断路器

奖项：IF奖

简介：厌倦了千篇一律的电气开关形式，生产商德力西电气希望找到新的产品突破口，借助设计的创新力提升产品形象和价值。在断路器的设计上，设计者一方面考虑了使用者的感受，风格简洁明快，更符合现代人的审美，同时也削弱了电气开关给人的冷漠感。另一方面，设计师特意为开关设计了荧光外衣，当电路发生故障，周围陷入一片黑暗之时，使用者也可以从容地在光亮的指引下，顺利地找到开关。

设计方：成都洛可可工业产品设计有限公司

"翼"双摇杆工业遥控器

奖项：IF奖

简介：它的前身是一个具有一定工业特色的笨重家伙，当人们的生活都趋向于现代审美，这套面向欧美市场的产品必须脱掉陈旧的外衣，故设计者以此款产品为基础进行全新的产品线设计，彻底改变了原有品牌形象。其中，"翼"的设计重点为两部分：防护栏、控制面板。防护栏来自于鹰隼之翼的保护作用，当遥控器不慎跌落，防护栏可以稳固地保护控制面板上所有操纵杆和按键，避免发生危险。控制面板是整机的中心。前板急停钮有一处下凹，紧急拍钮时不必担心手指太靠前伤到指尖，而逐渐沿翼形上升的设计可以避免急停按钮被无意碰撞。后板生理弧度的设计契合人的腹胯轮廓，工作时人机一体，更加便捷。

设计方：成都洛可可工业产品设计有限公司

组合式移动电源

奖项：红星奖

简介：它像巧克力一样，为电子用品补给能量，且让使用者根据“食量”，选择用量：一小块巧克力可以应急，而配合手机电池，一块“巧克力”就能保证手机一天的电量；如果出差，就要带足“口粮”——携带两个或者多个电池模块，拼接成一个大的移动电源，就足以补充所需的能量。其特点是模块化设计，灵活拼接，使用自由。而巧克力块状设计，让使用更方便，让充电更有趣。

设计方：成都洛可可工业产品设计有限公司

全数字多勒普超声诊断仪

奖项：2012天府·宝岛工业设计大赛获奖作品

简介：这是一款专属汇影且完全拥有自主知识产权的全数字彩色多普勒超声诊断系统，突破了以往产品平庸的形象。其时尚前卫富含科技感的外观搭配先进的全数字平台，再汇聚众多创新的成像和图像处理技术，集优异的图像质量、广泛的临床应用和便捷人性化的工作流程于一身，使得IuStar300面世之初就确立了企业精品、行业先锋的地位。

设计方：成都浪尖工业产品设计有限公司

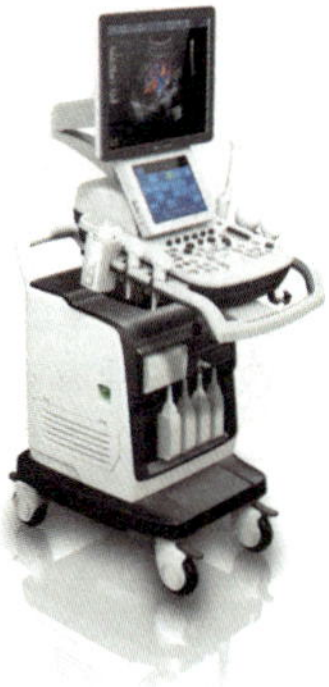

长虹Easy go系列LED电视

奖项：2012天府·宝岛工业设计大赛获奖作品

简介：长虹Easy go是一个将底座与LED屏幕巧妙结合，可以便携放置的产品。支架呈张开状态时，便于将电视摆放在桌面；呈闭合状态时，便于将电视壁挂使用。顶部装饰盖片与音箱布网的颜色可以根据用户家庭环境进行变换。支架的简约收放特性使它成为电视的一个整体部分，而不是附属品。这种设计可减少成品部件，节约运输成本。

设计方：四川长虹电器股份有限公司创新设计中心

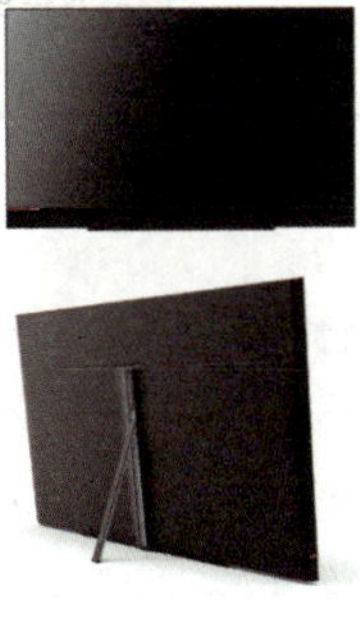

便携式野营炉

奖项：2013天府·宝岛工业设计大赛获奖作品

简介：这是一件全球首创的全新概念产品，适用于户外探险、旅游、勘探、军队、警察、救灾、救急等领域。该产品共申请国家发明专利3项，首批产品于2013年5月正式上市。它充分利用法国空气动力学专家克拉珀龙方程原理和节能技术、环保技术设计研发，并彻底颠覆传统户外炉具产品市场需求，并具有绿色环保、易携带、安全、高效、适用性强等特点。此外，它还有特殊燃烧环节设计，使用可燃性生物质固体燃料，燃烧效率能提高到90%以上。

设计方：成都风伦达科技有限公司

行“云”流水

奖项：2013天府·宝岛工业设计大赛获奖作品

简介：行“云”流水云路由终端音响产品设计，运用仿生学设计语义，提炼了大自然气势磅礴的瀑布为元素，并将之融入到现代“云”终端产品设计中。它以云寓意“云”终端行业源源不断的发展，让不同平台和各种能量的聚集或合作，促使“云”行业形成更强大的冲击，同时设计力求低碳环保，符合现代社会所提倡的健康快乐的生活方式。

设计方：成都博腾工业设计有限公司

红点奖

红点奖（Red Dot Award）源自德国。它最早可追溯至1995年，更多是德国的奖项，但它逐渐成长为国际知名的创意设计大奖。现在，它已然是世界上知名设计竞赛中规模最大最有影响的竞赛之一。每年，由设在德国的Zentrum Nordhein Westfalen举办的“设计创新”大赛进行颁奖。评委们对参赛产品的创新水平、功能、人体功能学、生态影响以及耐用性等指标进行评价后，最终选出获奖产品。

IF设计奖

IF设计奖，简称“IF”，创立于1954年，是国际上最著名的奖项之一，欧洲媒体亦称之为“设计的奥斯卡”，每年在汉诺威举办cebit展览的同时举行颁奖典礼。它由德国历史最悠久的工业设计机构——汉诺威工业设计论坛（IF Industrie Forum Design）——每年定期举办，吸引了如奔驰、宝马、IBM、LG、三星、索尼、华硕等国际巨头的聚集，展示其最新的设计产品。

红星奖

红星奖是2006年由中国工业设计协会、北京工业设计促进中心、国务院发展研究中心《新经济导刊》杂志社共同发起并会同国内地方相关工业设计协会联合举办，北京工业设计促进中心承办的奖项。该奖项是中国的“Red Dot Award（红点奖）、IF奖工业设计奖。现在，它正逐渐成长为世界上知名工业设计竞赛中的竞赛之一。

天府·宝岛工业设计大赛

天府·宝岛工业设计大赛是2010年5月时任四川省委书记刘奇葆率领四川省代表团开展“天府四川宝岛行”活动期间，四川省工业经济联合会和台湾省工业总会经过协商后签署的战略合作框架协议里商定的合作项目。大赛每年在成都举行，其主旨在于加强四川省和台湾省的交流与合作，提升四川工业设计水平。

成都工业设计主要机构

国家级1户：

雷迪波尔服饰股份有限公司

省级6户：

成都市明珠家具（集团）有限公司 四川森田消防装备制造有限公司 成都拓成工业产品设计有限公司 成都意町工业产品设计有限公司 成都浪尖工业设计有限公司 成都嘉兰图设计有限公司

市级25户：

成都卡美多鞋业有限公司 中国重汽集团成都王牌商用车有限公司 成都市永益泵业有限公司 崇州市岷江塑胶有限公司 成都市东金家具有限公司 成都帝龙新材料有限公司 全友家私有限公司 成都威诺电子设备制造有限责任公司 四川省机械研究设计院 成都许燎源现代艺术博物馆 朴素堂视觉艺术馆 成都西麦克虚拟现实电子技术有限公司 成都洛可可设计有限公司 成都客车股份有限公司 四川华体照明科技股份有限公司 成都前锋电子电器集团股份有限公司 四川中邦模具有限公司 成都成发科能动力工程有限公司 四川川龙拖拉机制造有限公司 成都好迪家具有限公司 成都市鑫茂鞋业有限公司 永发印务（四川）有限公司 成都市新力设备制造有限公司 四川建设机械（集团）股份有限公司 成都天骄家具有限公司 四川柯世达汽车制动系统集团有限公司

技 - 创意农业

当文化创意遇上农业

如果说传统农业是1.0版本的，都市休闲农业是2.0版本，创意农业就是3.0版本。早在多年前，经成都市科学技术协会、成都市民政局正式批准，中国第一个创意农业协会——成都市创意农业协会——就已经在成都成立。

近几年来，成都市都市休闲农业异军突起快速发展，然而都市休闲农业存在节日忙平时闲的“潮汐”现象，所以要推动都市休闲农业向创意农业转型升级，让农业给人提供从物质到物质与精神共同享受的转变与升级，并加快成都创意农业示范区建设，打牢世界生态田园城市的根基。

创意农业起源于上世纪90年代后期，由于农业技术的创新发展，以及农业功能的拓展，观光农业、休闲农业、精致农业和生态农业相继发展起来。与此同时，创意产业的理念也在英国、澳大利亚等国家和地区形成并迅速在全球扩展。借助创意产业的思维逻辑和发展理念，人们有效地将科技和人文要素融入农业生产，进一步拓展农业功能，整合资源，把传统农业发展为融合生产、生活、生态为一体的现代农业，即所谓的创意农业。

“晴耕雨读”古来有之

“农业乃立国之本”，这是中国的古训。无论从农业人口、农村土地还是从历史传统来看，中国始终是一个农业大国。政府今后工作的重中之重就是要全力解决三农问题与建设社会主义新农村，在工业化对健康与环境的危害日趋明显的情况下，农村走工业化的发展道路只能对农村自然环境与人文文化带来新一轮的破坏。中国农业需要发展，而农村的工业化又是一个死胡同，在这种困境中，蓬勃发展中的文化创意产业与中国农业的相遇肯定就会成为一件意义重大而影响深远的大事，创建中国的文化创意农业已经势在必行。

综观国内外农业发展，不难发现今天的农村经济是农业经济、工业经济，以及知识经济等各种经济形态的交错与混合，其发展理念与以前已经有了根本性区别，出现了一些新的提法和概念，例如新田园经济、绿色农业、（庭院）生态农业、休闲农业、精致农业、品牌农业、新产业复合体等。其中，新田园经济在我国台湾地区较为兴盛，而休闲农业等则受到不少亚洲国家和地区的青睐，欧美发达国家和地区，除了高技术支撑下的农业现代化之外，还依赖于多样化的乡村旅游来推动农村经济的发展。创意农业也是在世界经济步入知识经济时代，随着新的消费需求升级逐渐在实践中发展起来的新型农业发展模式。

当我们大力在城市中兴建“文化创意产业园”的时候，不要忘记广大的中国乡村与郊区需要建设一大批“文化创意农园”，一种融合了文化创意产业与农业的基

地。中国有句描绘传统小康人家的诗句“男耕女织儿读经”，“耕”代表农业，“织”是代表包含创意的手工业，“读经”代表文化教育。“男耕女织儿读经”是对中国传统文化创意农业的高度概括，这也表明基于文化教育的农业才是中国真正的传统。当我们漫步在中国的乡村民居，随处可以见到“耕读人家”与“晴耕雨读”的碑刻与匾额，单纯的农业本不是中国的传统，只有基于文化教育耕读的农业才是中国真正的传统。

创意农业同其他创意产业一样，是知识密集型和文化创意型的集合成果。所以，发展创意农业同样需要紧扣时代的相关知识与创意理念。无论是从产业规划、品牌策划、生态设计，还是文化的嵌入、功能的创新，都需要有“创意知识”的融入。

发展成都特色的创意农业

成都市是全国统筹城乡综合配套改革试验区，明确提出了现代农业“西部第一，全国一流”的目标，着力推进现代农业向高端产业和产业高端发展，创意农业的发展潜力非常可观。

近年来，成都以全新的理念定位农业发展的路子，推动现代农业建设，积极开拓农业新功能，休闲观光农业发展方兴未艾。渐露头角的休闲观光农业，在丰富人们生活，提高人们生活质量，带动农村经济发展，特别是对提高土地利用率、拉动种养业、催生农业商贸服务业发展和农村劳动力转移等方面显示出积极的作用，并成为成都市农业发展的一个新亮点。

就整体而言，成都创意型观光农业为游客充分展示了川西坝子特有的田园风光、民俗风情和古老的巴蜀文化，具有浓郁的农耕川味；就局部而言，它又依自然条件和区位的不同，形成风貌各异的特色类型，体现了我国传统的“天人合一”、“顺应自然”的实用理性的文化观念。按照所依托资源的不同特点，成都创意型观光农业分为如下类型：

1. 乡村农场型代表：龙泉驿

陶渊明在《桃花源记》中描绘了一个令无数人向往的“人间乐土”。桃花源里“土地平旷，屋舍俨然，有良田美池桑竹之属。阡陌交通，鸡犬相闻。其中往来种作，男女衣着，悉如外人。黄发垂髫并怡然自乐。”这个世外桃源其实就是一个乡村农场。中国古训说：穷奔市，富奔乡。穷人向往城里的生活与工作机会，但是富人刚好相反，他们希望返璞归真，过宁静而美丽的乡村生活。我们有理由相信，乡村农场肯定会成为文化创意农业的主要形式之一。

乡村农场以龙泉驿的书房村、工农村、桃花沟、苹果村等东郊浅丘的农家果园为代表。龙泉山盛产水蜜桃，是全国四大桃乡之一，也是枇杷、梨子的盛产地。其果品远销全国乃至海外，果品收入是龙泉驿区的经济支柱。近些年来兴起的春观花、夏赏果的花果观光旅游收入已经大大超过果品收入，卖果不如赏花，让人先饱眼福、后饱口福，它反映了人们消费观念的转变。龙泉驿区水果在提高其科技含量之后又着力提高其文化含量，在传统农业基础上发展起观光农业，开启了乡村农场的创意思路。

2. 都市农园型代表：郫县、温江

都市农园在外国具有悠久的历史，现在已经成为欧美与日本的都市人最喜欢的一种娱乐与休闲方式，因为耕作与园艺不仅适合成人，也适合老人与孩子，对病人

更有养生与保健的作用。都市农园的经营方式就是将城市近郊的土地分区分块出租给市民，用以种植蔬菜、瓜果、花草树木或经营家庭农艺。通过亲手耕作，市民可以享受到回归土地与自然的乐趣，获得安全新鲜的食品，促进家庭成员之间的团结与交流。

以成都市郫县友爱乡农科村、温江县万春镇等西部川西坝子农家乐旅游为代表，这里位于“国家生态示范区”内，是享誉全国的花卉、盆景、苗木、桩头生产基地，观光农业发端于此。它荟萃着川西平原农家休闲旅游的主要特色，展现着观光农业的巨大规模。

3. 景区文化型代表：青城山、银厂沟、西岭雪山、泥巴沱风景区、东岳渔庄

以都江堰的青城后山、彭州市的银厂沟、大邑县的西岭雪山等自然风景区为代表；以新都县农场改建的泥巴沱风景区、邛崃市前进农场改建的东岳渔庄等为典范，把农业生产组织转变为旅游企业，在农业用地上通过绿化使之成为园林式建筑，以功能齐全的配套设施和客栈式的管理，使之成为有一定档次并具有规模化的休闲娱乐场所。

当然，文化创意产业与农业相结合的模式远远不止上述几种，随着文化创意农业的兴起与蓬勃发展，还会涌现更多更好的经营模式。文化创意农业不仅是文化创意产业的一大趋势，也是中国真正崛起的必然选择。

动漫创意，前卫之旅

全国COSPLAY大赛、动漫音乐LIVESHOW互动、痛车+SHOW GIRL展示、国内外动漫社团作品展示交流峰会、动漫游戏企业产品展览交易、电子游戏竞技体验、国际动漫偶像及声优大型见面签名会、与高人气动漫角色扮演者亲密互动……这些动漫迷的心头爱想必已让你心潮澎湃。

而对于成都的动漫爱好者来说，在自家门口就能体验到大型国际动漫游戏展早已不再是奢望。早在以“成都开始，走向世界”为主题的“卡弗动漫游戏展”先后两次在成都新会展中心成功举办，就为成都动漫创意产业搭建起了良好的平台。以此为缩影，通过融合文化与科技的优势，成都动漫游戏产业蓬勃发展，成为动漫创意建设的新引擎。

成都聚集了动漫创作、生产、销售和培训等相关产业的企业近1400家，涌现出数字天空、尼毕鲁、铁皮人、趣游、成都恒风、锦天、世纪阳天、牧鹰、黑铁动漫、中动联动画等众多本土原创动画公司，以及力方国际等关联企业。世界第二大游戏开发商法国育碧软件、台湾最大的游戏开发商昱泉、国内网络游戏巨头盛大网络、金山软件等众多优秀企业相继落户成都。在产业活力激增的同时，原创力量也迸发出优势，出现《侠义道》、《疯狂老鼠》、《星尘传说》、《春秋Q传》、《星系宝贝》和《妞妞淘》等一大批本土原创动漫游戏产品。

成都本土手机游戏公司在国内的强势崛起是一个新的动向，目前在苹果全球软件商店收入排名前100的公司中，国内有8家游戏公司位列其中，而成都就占两席，涌现出一批在国内拥有较高知名度的本土新兴手游公司。成都手游公司在市场大潮中，占据了一定的先发优势，成都手游产业有望形成与北京、上海三足鼎立的局面。

据统计，成都动漫游戏产业相关从业人员约3万人，业务领域涉及网络游戏、视频游戏、手机游戏、动画动漫、数媒客户服务等诸多领域，还有很多动漫游戏工作室正逐步成为成都动漫创作和生产的主力。动漫原创团队不断涌现，发展前景广阔，受到国内外资本市场和业内普遍关注和青睐，动漫创意建设引擎已经全力开启！

艺

看，那一处艺术殿堂

论艺术，从20世纪80年代开始，先是有“四川画派”之说，指的是四川美院反思文革、描绘乡土的批判现实主义绘画，佼佼者有罗中立、何多苓、程丛林等。当年何多苓、周春芽从美院毕业来成都，也就是蛰居画院，朱成、邓乐、谭云等雕塑家也很少抛头露面。然而，时至今日，在成都举办的各种展览活动日渐密集，艺术创意的花蕾竞相绽放，成都已然成为艺术之都。

艺术群落地

成都人爱用“安逸”一词来描述自己的生活状态，成都的艺术创意产业也处处透着成都安逸的休闲娱乐气息。可以说，成都天生就拥有产生创意的城市文化氛围。在独特城市氛围的滋养下，成都的艺术创意产业显现出与众不同的活力。

说起中国的艺术创意产业代表区域，北京有798、宋庄，上海有8号桥创意产业集聚园区、莫干山路50号艺术区，昆明有创库……而作为中国文化创意产业领域具有代表性的城市，成都却很特殊，它没有一个相对集中的创意园区，文化创意群落

分布在了这个城市的四方；而且一个群落中不仅有绘画、设计等当代艺术，水墨书画等传统艺术也共生共荣。

艺术家的群聚效应一直根深蒂固，艺术群落自然围合而成。有趣的是，各个艺术创意群落都有艺术大师作为领军人物。全国著名设计大师许燎源在三圣花乡建立了全国首个现代艺术设计博物馆，该博物馆已成为全国设计界高端对话的平台。这里还聚集着创意村、画家村、雕塑村、摄影村、民俗村5个主题艺术村，在江家菜地雕塑村里不仅有本土雕塑家在此创作，全国知名雕塑家赵树同也将自己的雕塑博物馆搬到了这里，而雕刻家李先海也在江家菜地成立了自己的工作室。以周春芽、何多苓为代表的40多位全国著名当代艺术家集体“搬家”到蓝顶画家村，把这里作为艺术创作基地。以著名油画家程丛林为代表的162名当代艺术家，也已经进驻位于武侯区的成都最大规模的艺术群落——国际浓园原创艺术基地。东篱菊园摄影村则以摄影为媒介，将本土民俗、乡俗、风土人情及丰富的乡村文化向外界展示。荷塘月色引入以著名国画家岑学恭为代表的凤凰艺术中心项目，建设“中国·成都当代艺术基地”。

国画锦绣地

在成都这样一块有几千年深厚文化积淀的土地上，或许是受地域文化的影响，川派艺术家们随性而悠闲，有一种“与世无争”的特质，在面对目前繁华的艺术市场时，他们又多了一分沉着，少了一分浮华，执着于自己的艺术，知足常乐。因此，人们很难看到川派国画艺术的整体风貌，外界对川派艺术的了解也少之又少。

中国画坛的几位重量级人物都出自四川，如张大千、陈子庄、岑学恭、李琼久、张善孖、吴一峰等。绘画内容涉及山水、花鸟，形式包括小写意、工笔，展品基本上反映了诸位先生的创作面貌和风格。纵观川派国画作品，不论是继承传统又师法自然的张大千先生，还是艺术上强调主体精神的陈子庄先生，诸位先生在艺术上都坚定地选择了遵循传统，孜孜不倦地展示与诠释中国传统绘画艺术的精髓与华丽。

除了那些蜚声中外的大师，四川还有许多优秀的国画艺术家：王申勇、郭汝愚、梁时民、吴绪经、彭先诚、戴卫、刘朴……国内国画界的代表人物之一彭先诚，常以古诗词和传统题材入画，擅长点染泼墨，题材多是鞍马人物，画风清丽，灵气逼人，还有一种巧妙的现代情怀。擅长工笔的郭汝愚，自16岁涉足画坛以来，一直备受瞩目，获奖无数，其芙蓉锦鲤深受收藏者追捧。在他看来，“绘画应有一种跳跃，抑扬顿挫像音乐一样，更有韵味。不同的人有不同的经历，对事物的感受和个人情感的多样性，赋予了作品不一样的气质。”

张士莹用色大胆，在吸收和借鉴西方艺术手法时，并没有丢失对中国艺术精神的追求。王申勇则在构图上意蕴高深，在对动物的描绘上也体现出强烈的质感，尤其是他画的熊猫堪称四川名片。其实四川画家的艺术水准远不止于此，这些造诣颇深的国画家继承悠久的绘画传统艺术，深入生活不断创新，数十年来勤奋耕耘，创作出了许多深受大众喜爱的山水、人物、花鸟等作品，有的作品还在全国画展中获奖和被国家级美术机构收藏。

国画的展览近几年也层出不穷，省博物馆、诗婢佳、怀古堂、成都画院……都是国画展览的聚集地。

尤其是成都画院，先后举办了20次“成都画院书画展览”和100多次各种类型的艺术展览，选送了上千件艺术作品参加国内外各种类型的

美术展览，并高度重视书画艺术品的收藏，现已收藏书画作品总计1072件，其中不乏大家作品，市值已近亿元。

成都画院各类精彩展览应接不暇，成为成都艺术圈里的一大人文景观。这里展出了大量优秀的国画作品，2013年底，“蜀墨六韵——华夏江天有冰玲”水墨精品展在成都画院隆重开幕。李江、周雅玲、赵建华、孟夏、胡冰、周天六位女画家，她们在艺术风格上，有着共同的艺术特质：磊落的笔墨、新颖的形式、诗化的意境，蜀风墨韵、文脉一统。叶瑞琨的作品《点线面》、蔡寅坤的《斑斓的梦境》、江溶的工笔《雨林晓露》、姚叶红的《冬》等均跳出了名家原本的创作风格，大胆地融入了全新的艺术元素，让人眼前一亮。张璞一的《缚瓷一》、钱磊的《牛》、曹天龙的《天路》则展现了本土绘画中坚力量的探索与创新。传统与当代相互融合的作品让观众感受到新当代艺术的魅力。

如果你喜欢艺术，喜欢看展，不妨找个闲暇的时间，到画院逛逛，领略四合院里的传统艺术情结。

当代领军地

谈当代艺术，一定绕不过双年展，它是以成都为中心的四川当代艺术生态繁荣的一个侧面。

三年前的艺术北京博览会上，宋丹丹曾以350万高价“秒杀”何多苓的《舞》。成都当代艺术家何多苓正是20世纪80年代“伤痕美术”的一员健将。周春芽是同何多苓齐名的另一位成都艺术家，他被人熟知的作品《绿狗》和《桃花》成为了一个时代的符号。2014年揭晓的胡润艺术榜上，周春芽的作品在国内外拍卖市场的交易额达到22129万元，在整个中国西部，没有人能望其项背。

正是在周春芽何多苓等前辈艺术家“传帮带”影响下，在赵能智、郭伟、杨冕、方力钧、吉磊等中坚力量艺术人才的支持下，李胤、白东亮、谢正莉等成都“80后”艺术新人迅速崛起。他们的创作基地——蓝顶当代艺术基地，也随之声名大噪。

当清晨的第一缕阳光开始拥抱成都，大大小小的画廊们便拉开了帷幕，呈现出它们纷繁多彩的一面。驱车前往蓝顶，清新的空气扑面而来，这里的磁力源于能够让人深度地放松。一如成都的气质，安逸之感来自潮湿空气与纷繁花香的奇妙混搭。

当代艺术之于成都，有着丰富的历史溯源，亦是激情年代里，诗歌与前卫艺术的策源地。行到此处不禁想起蓝顶美术馆执行馆长金延的话：“最近几年，一块覆盖面积达上千亩的蓝顶当代艺术产业区将落成，这里面有艺术商业区、动漫制作中心、版画制作中心、当代艺术家工作室。”金馆长的目标是要把这里打造成乌托邦式的艺术公社，为本土年轻艺术家提供最优良的创作平台。这几年他们也一直朝着这个方向在发展。就城市的现实而言，也许它所开启的正是城市艺术发展的繁荣和多元化。

游访成都艺术区的过程中，收获总是颇为丰厚。幸好，成都当代艺术的诉求没有被粗暴地忽视，经济与文化的共赢被政府作为一项重要的课题着力实践着。

在这里已成功举办“一心一德”奥特莱斯艺术空间开幕展、“静观与漫游”丁凯、杨丙亮作品展、“成都蓝顶艺术节”等系列展览。同时，艺术基地还不定期邀请艺术家、评论家、收藏家及相关机构和媒体来此访问交流。

此外，艺术基地还具备收藏、展览、书吧、沙龙等多种功能，逛完展览，还可以跟朋友三五小聚，谈古论今，品画论道。从这个层面上讲，蓝顶无疑成了认识成都当代艺术基地、了解成都当代艺术发展状况的一扇重要窗口。

正如周春芽所说：“蓝顶是一个品牌，代表着当代艺术的原创精神和一种生活方式，所以，不管你是不是身在蓝顶，只要认同这种精神和价值观，都是蓝顶的艺术家。”由于这条极具包容性的精神纽带，生活在这里的艺术家，在蓝顶这个总体概念下凝聚，在成都这片土地上发芽。

活动策源地

成都的当代艺术家还频繁参与国内外的各种艺术交流活动，成都每年举行的各种展览就有百场之多。

如果你是艺术爱好者，你一定会发现在成都一天开幕一场艺术展并不算多，一天多场展览同时开幕也不足为奇。可以说，现在成都几乎每周都有艺术展览开幕。

随着艺术发展和深入人心，介入艺术的机构越来越多。

成都画院内的成都市美术馆、文轩美术馆、成都当代美术馆等重量级美术馆，每天都对市民开放；A4当代艺术中心、K画廊、廊桥艺术空间、了了阁、天艺村等本土知名画廊展览云集。这些美术馆和画廊，每周策划开幕的展览此起彼伏。

其中A4当代艺术中心的活动就未曾断过档，几年前举办了“山水：曹晓阳+佟飚双个展”。那次展览邀请了来自杭州的两位艺术家曹晓阳、佟飚参展，他们带来了自己极富文人气质和视觉触感的画作。穿行在画廊里，适度的灯光投射在那些纸本木炭作品上，让人仿佛置身于山林的幽静，并享受穿梭于薄雾与溪流间的雅致。艺术家用全新的山水意境呈现出有别于一般实验性绘画，极富层次的黑色与灵动的留白交相呼应，让人进入某种舒缓的、情景的、内在的探寻体验。

“光谱：当代中国独立动画”更是让人记忆犹新，那场展览试图勾勒中国当代独立动画的活力和谱系。在一种开放的视野里，它将包容不同年龄和背景并风格迥异的作者，努力强调的是作品的作者气质，现实感和叙事性，包括中国风格；它在梳理当代中国独立动画的历史线索，描述其现实情境的同时，也在努力寻找当代艺术和电影之间一个交集的区域，因为正是在这两者间，生成了独立动画的面貌和语言。那次展览和相关活动旨在挖掘、整理中国内地最具创想的优秀独立动画创作者和优秀作品的同时，积极拓展大众视野，与国际一流动画电影平台的互动交流。这也将是中国内地首次非盈利艺术中心发起、策划的以独立动画电影为主题的多媒体艺术展览项目。

自这个位于麓镇湖畔的A4当代艺术中心开展以来，前前后后展出了不计其数的艺术作品。千余平米的专业展厅，同时配备有专业展场灯光、音响、及各类展览所需其他设备，使得展览更为出彩。

当然，这样类似的艺术展览在A4当代艺术中心并不少见，“欲——病理与凝视研究计划”、“视觉的结构”、“概念之酶”、“雕塑——隋建国与他的几个学生”、“独白Ⅱ——个体经验的再现与表现”、“痕迹”……这些层出不穷的艺术活动在推动成都以及中国当代艺术发展的同时，辅以前瞻的视角和开放包容的理念，在艺术领域内通过多维度的整合、挖掘，以敢于实验的精神探索、碰撞出新的艺术思想。

国画、油画、行为艺术……几乎所有的艺术门类在成都都有顶尖艺术力量存在，这在中国是罕见的。城市海纳百川的包容性反过来又影响了艺术家，使他们的作品糅合了多种艺术元素，这也形成了成都艺术创意在城市氛围滋养下的包容性。

演

娱乐精神，放飞创意

成都人喜欢消费、崇尚娱乐。从引进百老汇音乐《猫》、爱尔兰《大河之舞》，到斥资打造音乐剧《金沙》，从有着悠久历史的文化古都，到“选秀之都”，成都既能阳春白雪，也能下里巴人。据悉，在全国演出市场，成都如今已成为继北京、上海之后的“演艺文化第三城”。演艺产业的繁荣，源于成都人的娱乐精神，源于成都经济的发展，更来源于这座城市的开放与包容。正是这种开放性与包容性，让成都这座城市更具有创造力、想象力和生命力。

音乐剧《金沙》追溯“蜀”的源头

成都的历史悠久，有详细史料可考的是公元前316年张仪筑成都城，至今有两千三百余年，然而，2001年3月，中国四川省成都市苏坡乡金沙村施工工地上，一个突然的考古发现，轰动了世界。这次发现，将成都的历史向前推进了至少1000年。“金沙遗址”被誉为中国21世纪第一个最为重大的考古发现。2005年8月16日，中国国家文物总局宣布：在四川省成都市金沙遗址出土的稀世珍贵文物“太阳神鸟金箔”为“中国文化遗产”标志。

悠久的历史给了成都人最大的骄傲和自豪，而音乐剧《金沙》的灵源就来源于此。其出品方充分利用成都异常丰富的历史文化资源，以“金沙文化”为背景，打造一部彰显成都特色，既保存古典风范又体现现代情怀的大型音乐剧，通过音乐剧这种极具创造力、吸引力、观赏效果和高品质的艺术精品的打造，重塑一个全世界都会为之心动的“中国金沙”。

于是，我们看到了这样的《金沙》：四川成都，距今3000年前的古蜀金沙王都。太阳神鸟的化身“金”、鱼的化身“小鱼”、乌木精灵“丑”、丑的主人“沙”，幸福地生活在这个金沙的国度里。在一场三星部落与金沙王族的战争中，圣物“太阳神鸟

金箔”被三星部落击碎，“金”、“沙”、“小鱼”、“丑”天各一方，他们只有来生再见。时间到了公元2001年的一天，转世为考古学家却已经失忆的“沙”来到古蜀金沙王都遗址这片神秘的土地上，发现了“太阳神鸟金箔”残留的印迹。当他手捧着自己的半片“太阳神鸟金箔”，一种莫名的激情在他的心中产生，既熟悉又陌生，他努力回忆着。在他脚下神秘遗址里尘封了三千年的幽灵，终于等来了重见天日的日子。乌木精灵“丑”为了帮助昔日的主人恢复记忆，找回自己，只有让金箔重圆，爱情才能重生，记忆才能复苏。于是，“丑”决定让往事重现：从3100年前庄严威仪的祭祀中，到2000年前的古蜀战场上，到1000年前芙蓉古城里“花蕊夫人”姹紫嫣红的花间盛宴中……一对恋人历经3000年时空穿越，为我们留下了凄美的绝唱，见证了“没有故事就不会有发现"的名言。

这就是《金沙》的魅力，而这种魅力来源于古蜀民族的悠久历史，来源于古蜀先民在这片美丽土地上所创造下的辉煌、灿烂的文明。先民的智慧与创造让古蜀后人为之自豪，并一脉相承，延续至今。

音乐剧《天府蜀韵》，川蜀第一秀

大型原创音舞诗画《天府蜀韵》被誉为"川蜀第一秀"。其全剧筹备，共耗时一年，总投资近2.5亿元，由二十多年演艺策划经验的国家一级舞蹈编导林树森导演执导。

《天府蜀韵》充分展现了川蜀地区悠久的历史、深厚的人文以及藏羌彝等少数名族风情。全剧分为古风今韵、人杰地灵、巴山蜀水、美好家园四个篇章：从三星堆文化到金沙文化、从英雄辈出的三国时代到今日的美好成都、从川剧的高腔艺术到变脸绝活、从蜀中才子苏东坡到"诗豪"刘禹锡的古诗词、从藏羌彝的民族舞蹈到节日情景再现……短短的70分钟内，该剧浓缩了四川大地的千古历史底蕴和深厚文化内涵。可以说，《天府蜀韵》所承载的内涵不仅仅是一个极具城市风格和文化底蕴的重大旅游演艺产品，更是成都城市文化名片与城市形象的现代化艺术写照。

现在，文化演艺舞台剧已成为城市文化旅游的重要内容，在有限的时间内展示城市文化与风俗的精髓之所在，成为城市标志性的旅游产品。四川省文化演艺市场虽然发展多年，但直到2011年，却依旧没有自己的“宋城”和“印象”类作品。《天府蜀韵》的推出，正好填补了四川尚无彰显千年城市文化内涵舞台剧的空白，开启了四川文化旅游亮丽新篇章。

超级女声，成就“选秀之都”

人们曾为“超级女声”疯狂，而其中最疯狂的城市，首推成都。“超级女声”的创意来自于湖南卫视，也只是一个电视选秀节目，却在成都受到最热情、最狂热的追捧，甚至成为全民运动。事实上，在众多选秀出身的歌手、演员中，至今为大众所熟悉的，依然是成都的李宇春、张靓颖们。成都，似乎成了“中国草根娱乐”的制造地。又是什么原因，助推了这个城市成为快时尚的选秀之都呢？

或许还是开放与包容。成都人爱娱乐、爱消遣，这种与生俱来的乐观天性让他们能以最平和的心态去接受一切新生事物，也让任何稀奇古怪的的事物都能在这里找到自己的“粉丝 ”，并落脚生根。其实，这并不囿于娱乐，还包括文化、时尚、建筑等等。因此，成都除了有李宇春、张靓颖，还有江映蓉的中国风与加勒比海热舞，还有“红衣教主”黄薪那惊天一跪——或许只有成都人，才会在戏谑调侃完之后，对她的勇气给予最高的评价。

走进成都，感受到的是百姓生活的淡彩画卷：你可以在依街而设的茶馆里品尝一杯称不上精致的茶，却能怡然自乐，也可以穿梭在热闹的商业大街，欣赏迎面而过的美女，却能得到最友好的笑容，当然也可以流连于琳琅的美食当中而忘归。这就是成都，娱乐不是调剂，不是配角，娱乐就是生活的目的。

这就是成都。或许，美食很能吸引外地人来成都，而真正让他们“来了就不想离开”，或许还是因为这座城市的开放与包容。

C

创意故事

成都创意机构与人物

蓝顶：创意产业范例

蓝顶，并非改造自具有历史价值的工业厂房，也没有优越的中心区位环境，但它却在平凡中创造了不平凡：短短十年时间，它不仅成为成都文化艺术产业的新地标，也为中国当代艺术打造出一个与现实语境相结合的独特案例。

2003年，锦江区开始关注位于机场路旁太平寺机场附近，由周春芽、郭伟、赵能智、杨冕等艺术家所组成的自发艺术群落。随后，锦江区向这些蓝顶艺术家发出邀请，希望他们能够在三圣街道荷塘月色建立艺术家工作室。2006年，蓝顶艺术家与锦江区签订了在荷塘月色建设新蓝顶艺术中心的协议，而后蓝顶艺术中心在荷塘月色破土动工。如今，包括周春芽、何多苓、赵能智、郭伟、郭晋等在内的艺术家纷纷入驻蓝顶艺术中心，在此落户。

从一开始，锦江区对整个蓝顶片区就有着非常清晰的规划思路，正如锦江区相关领导所言：“锦江区力图通过对蓝顶艺术中心的打造，探索出一条艺术与市场相结合的产业模式。”

锦江区通过将蓝顶艺术中心植入三圣花乡，既尝试了“把艺术原创推向市场”这种有独特竞争力的创意艺术产业类型，同时通过项目的辐射带动作用形成艺术聚集，从而推动产业发展的效应，与“五朵金花”一起激活了整个片区的发展，寻找到了另一条全新的创意艺术产业路径。

锦江区正是要通过对蓝顶艺术群落在新区域的形成和发展加以规划、引导和总结，进而探寻实现创新型、可持续、资源节约型、环境友好型、城乡共享、经济社会同步发展的新路径。锦江区在蓝顶的实践意义在于，它是一个开放的社会环境中正在进行着的鲜活实践，而不是一个封闭的、乌托邦的、特区式的设想。

如今十年时间过去，从旧蓝顶到新蓝顶，锦江区用实际行动探索着城镇化郊区建设与艺术产业结合发展的道路。作为市场秩序的维护者和公共服务的提供者，锦江区政府在蓝顶艺术中心发展的过程中始终扮演着引导辅助的角色，利用政策和规则的制定来维持蓝顶的稳定发展，使其逐步走向规范化、市场化的道路，蓝顶艺术区也在锦江区的扶持之下迎来了更好的发展态势。

眼界：经济与文化共赢

诚如四川省社会科学院党委书记李后强在蓝顶艺术节论坛上强调的那样：“中国城市产业升级和空间重组正在急剧发生，艺术区成为后工业社会城市产业升级和空间再造的产物，是城市文化生态的主动脉，正在成为城市新名片。中国正在掀起一股艺术区建设的热潮。”与此同时，“艺术区的建设也面临着起步困难与保持持续动力等方面的巨大挑战。”

作为一个新兴事物，中国当代艺术区的发展始终面临重重困难，尽管早期的“身份危机”已不再成为困扰其发展的首要问题，但艺术家、业主及政府对艺术区的定位及行为的偏差，导致“生态问题”随之而来，使其置于了一种新的矛盾之中。

最初一些艺术家为了寻找房租便宜、环境又适宜的创作空间而移居至城乡接合部。但随着城市的扩容，土地的商业价值被不断放大，各种商业项目、机构的介入，导致驻留成本飞涨，最后赶走了贫困的艺术家，使各地的艺术区不断被拆迁，而这些艺术家只能继续寻觅下一个“乌托邦”。

这一现状使业内人士开始思考艺术区背后的一些更为深刻的问题：艺术家的地位、艺术家的生存状态、艺术区的未来等等。

位于太平寺机场附近的老蓝顶，最开始时，只有周春芽、杨冕、郭伟、赵能智四个人，后来不断有艺术家聚集过来，渐渐形成了成都艺术家圈层的第二次聚集。但好景不长，周春芽回忆说：“在老蓝顶聚落形成几年后，新的问题出现了。老蓝顶被包围在许多条件差、规模小的家具生产工厂中，这使老蓝顶所处的区域空气质量极差。”

众所周知，中国艺术创意产业发展亟须法律法规的有力保障。法律的长期缺位不但严重打击了艺术家的创作热情，更极大破坏了品牌建立自身独特标识和风格的社会基础。从发展文化艺术事业的终极意义上来讲，如果不能为艺术家提供可靠的工作环境和有保证的政策制度，就不可能促进文化艺术事业的繁荣和发展。

在这样的价值前提下，城市管理者应该在思想观念和政策措施上，为艺术家提供稳定而持久的创作环境与条件。所幸的是，蓝顶在其发展历程中，始终得

到锦江区和文化主管部门的积极支持，使其最终成为了一个具有制度保障的艺术区。

以当时我国的现状而言，文化企业的规模一般都很小，创意产业园区普遍利润微薄。据当时的统计数字显示，在我国已有的国家级文化产业示范基地中，绝大多数年收入都在5亿元以下，缴纳的税收更是只有几千万甚至几百万，远远落后于众多以工业制造为主的园区。

不同于其他城市的政府部门那样，在城市建设规划政策下，轰轰烈烈地推进项目，锦江区另辟蹊径，明确拟定了“以创意文化拓展乡村旅游内涵”的战略方针，采用积极引进的态度，按照“一村一品、一村一景、一村一业”的错位发展格局，将文化、艺术、产业等元素融入“五朵金花”之中，促进其由单一的农家乐逐步向“产业+文化+休闲+商务”等多元化乡村旅游方式转变。

2005年，在媒体报道了环境污染对老蓝顶和艺术家的负面影响后，锦江区加快了相关工作步伐。根据周春芽的介绍，蓝顶之所以能落户三圣乡，是锦江区政府主动向蓝顶艺术家抛出的“橄榄枝”。他回忆道：“当时，我们从法国回到成都，他们（锦江区政府相关领导）直接来机场接我们去商谈。”

至此，蓝顶不再只是一个“艺术家聚集地”的概念，而是被纳入了锦江区的产业链布局中，与文化创意产业、城市郊区建设等行为联系在了一起——从艺术家自发聚居，到政府力量的介入，蓝顶，从最初的自发生态，转变为了对地域文化使命的承担，进而蜕变为政府行为中的文化产业园模式。

思路：聚集艺术创意资源

说到底，文化艺术产业的集合效应需要人才的聚集，而最为重要的则是文化艺术核心的聚集，即由艺术、建筑、设计、教育、文化、音乐、娱乐以及前沿科技人才组成的群体。文化艺术核心的聚集是文化艺术产业区域发展的根本，而这类人群有着鲜明的工作生活特点及区域喜好：如Soho式的工作方式、Loft的空间追求、个性化的工作特点、自由的文化氛围、时尚前卫的生活方式、城乡接合的区域环境、群落式的聚集与交流等。

尽管成都面临着高速的城市化进程，面临着经济发展与文化升级之间的博弈，但是锦江区政府和文化主管部门能够清醒地认识到，经济发展与文化创造之间的共赢关系，是一个城市持续良性发展的动力。适逢当时，锦江区开始着手实施城市郊区建设及产业结构调整，推进城镇化建设，便将创意艺术产业作为锦江区的主导产业之一。

在这样的政策规划之下，蓝顶与锦江区的结合，不仅改善了艺术家的创作、生活条件，同时也提升了该区域的品牌价值和竞争力。除周春芽、何多苓等本土顶尖艺术家外，由于蓝顶艺术区的良好环境和超强吸引力，像郭晋、赵能智、杨冕、杨千等长期居住在北京的艺术家也来到了这里，使这里的艺术家阵容不断壮大。

不久之后，在锦江区的引导下，蓝顶艺术区向东迁移。“成都蓝顶当代艺术基地”项目正式启动。这一举措不仅改善了艺术家的创作和生活条件，同时也首先突破了艺术区无法扩大发展的瓶颈，提升了艺术区的发展竞争力，也为蓝顶成为成都文化艺术产业新地标奠定了基础。

锦江区相关领导在开园仪式上表示，“蓝顶艺术中心的建成，标志着我们正在把三圣花乡打造成具有全国

知名度的创意艺术产业基地。今后我们还会陆续引进好的艺术机构和艺术家，让这里成为外地人了解成都当代艺术乃至中国当代艺术的一个窗口”。

杨冕在谈及蓝顶与锦江区的合作时曾这样说道：“锦江区为蓝顶的发展创造提供了优渥条件，而蓝顶落户锦江区，也为锦江区的‘五朵金花’注入了新鲜的血液。现在，蓝顶与‘五朵金花’早已成为了一体。我相信，蓝顶在锦江区的扶持之下，未来一定会对整个西部地区乃至全国艺术的发展发挥出更大的促进作用。”

实践：打造国际级交流平台

和其他一些城市艺术区被拆迁、青年艺术家被排斥的命运不同，蓝顶艺术区的青年艺术家们受到了来自政府领导的关怀和艺术前辈的提携。难怪享有“中国当代艺术教父”之称的栗宪庭先生会如此评价：“成都的艺术家很团结，这里一直都有‘传帮带’的传统。蓝顶的环境这么好，各方面又如此支持，全世界的艺术家可能都不像成都艺术家这般幸运。”

蓝顶美术馆馆长金延表示：“锦江区对蓝顶青年艺术家的扶持是非常明确和明显的。在蓝顶持续发展的过程中，锦江区政府对艺术家的生活、创作，都全力给予支持。”“政府提供好的政策，搭台让艺术家唱戏，最终会实现艺术与产业的双赢。”锦江区正以三圣花乡蓝顶艺术中心作为核心，力图打造由蓝顶艺术中心、画家村和许燎源博物馆为支撑的成都文化创意产业的“金三角”。

锦江区将通过蓝顶艺术中心等项目，带动更多的文化创意产业入驻三圣花乡，将三圣花乡从自然生态闻名的“五朵金花”提升为自然风光和艺术氛围相映生辉的文化创意产业基地，让更多的艺术家和文艺青年在这里实现他们的“艺术梦”。

“以前多是我们本土艺术家出国采风、办展览，现在，不仅越来越多的国际重量级展览来到成都举行，而且还有国外艺术家来到成都驻城创作。”著名艺术批评家陈默认为，随着成都国际化进程加快，如今很多国际性艺术展览、艺术事件都与成都发生着关联，国际当代艺术名家也纷纷将焦点锁定成都。

蓝顶印证了这一论断。近几年来，众多国际艺术家来到这里开展文化艺术交流活动，他们的作品最终漂洋过海，将成都这座城市独特的魅力带到了世界各地，大幅提升了成都的国际影响力和全球知名度。

产业：艺术让城乡共生

正如金延所说："在蓝顶艺术区形成的过程中，始终与国家的大政方针以及地区社会的发展紧密联系在一起。"同样，周春芽也证实了这一观点："蓝顶艺术区是扎下了根的，与当地有着一种共生关系。蓝顶参与了当地的城乡统筹，在为农民增收、环境建设、艺术繁荣、创意艺术产业发展等方面作出了贡献。"

在新蓝顶规划设计之初，锦江区便十分重视蓝顶与锦江区居民的融合发展关系。在著名建筑设计师刘家琨看来，以蓝顶为契机的片区发展，不是一个降临到乡村里去做城市人做的事情的现象，也不是强制性将原住民赶出去来圈地的现象，"它是一种混生的状态"。

文化创意发展，不能仅仅为了经济上的创收而空喊口号，还应该考察当地的生活环境，真正将创意、设计落地于当地的居民素养。

在荷塘月色经营农家乐的三圣乡万福社区居民李志军说："蓝顶建立后，我们这里的知名度越来越高，在我们农家乐消费的不仅有当地艺术家所带来的很多朋友，而且很多外地游客和艺术家也经常慕名而来。因为紧挨着艺术区，有幸能经常带女儿去参观艺术家的各项画展和艺术节活动。虽然女儿现在才4岁，但已经对画画有了浓厚的兴趣。"此种现象在蓝顶艺术区非常普遍，这正是艺术家与原住民之间混生状态的体现。

此外，围绕艺术家们的需求，锦江区还组织当地居民，开发出了制作画框等配套服务产业。这不仅丰富了三圣花乡统筹城乡的内涵，也提升了景区品质，带动了居民增收，进一步促进了传统文化与当代文化、城市与农村的和谐交融，为景区可持续发展注入了永续动力。

谈及锦江区规划下的"蓝顶艺术区与城市产业关系"问题时，四川美术学院教授叶永青这样形容："蓝顶其实是一个可以被作为城市公共性和永久性的项目，因为它能够让老百姓、让城市感受到这些艺术家的生活品质和氛围。比如这些艺术家的生活方式、文化旨趣、艺术格调，包括怎么种他们喜爱的树，艺术家的房子怎么设计、里面的陈设如何……久而久之慢慢形成了一种具有自己私人味道的美术馆、陈列馆。这样的做法，其实也是把原来的农业观光休闲、农家乐模式，加入了文化的内容，带来的也是一种原来的产品升级和产业更新换代的功能。对于中国其他城市是具有示范意义的产业创新。"

正因为有了锦江区的全力支持，蓝顶艺术区才得以成为当代艺术的"梦工厂"，创意工作和个性化的生活方式在这里彰显无疑。随着艺术区的建设，蓝顶必将吸引更多相关艺术家和机构入驻，最终形成产业链式的发展通道。

忆钟鸣和他的**鹿野苑**

鹿野苑石刻艺术博物馆位于古蜀文化发源地——郫县，距成都市区20公里。该馆由家琨建筑设计事务所主持设计，于2000年落户新民场镇徐堰河畔的云桥村和净菊村，占地面积100余亩，总投资4000万元，属私立的小型主题博物馆，旨在收藏西南丝绸之路范围内佛教石刻艺术品。馆内石展艺术品已达2000多件，内容丰富，极具文化底蕴。园内绿化较好地保留了川西民居农家竹林的自然风貌，林木茂盛，绿树成荫，落成后获得多项国内外建筑界大奖。建馆之初，馆长为当代诗人、随笔作家钟鸣先生。

2000年初，鹿野苑是西南地区第一家私立博物馆。那时站在博物馆前，诗人钟鸣豪迈地说："这是我的博物馆帝国。"他希望以中国"南丝绸之路"为依托，收集汉代到唐宋的佛像雕刻。钟鸣写过许多首诗，而博物馆是他写作时间最长的诗，耗费了他

5年时间。私立博物馆产业，钟鸣称之为“文化创意产业”，作为敢于建私立博物馆的诗人，钟鸣究竟有何过人之处？让我们回到当年，走进他创作、创意的内心世界。

文学猛犸

现在见到钟鸣的时候并不多。知道他在搞他的古董生意和博物馆事业，他到处跑，日子过得忙碌但惬意，还自食其言地长胖了。钟鸣前些年很健美，并自信会把这种健美保持下去，再加上当时不喜欢几个胖子，他还写过一些讽刺胖子的东西，其中最有名的一句是：“胖子听不懂词。”我记得当时他还对我说过：“什么是最恶劣的事情？一个胖子举着一枝梅花招摇过市。”知道他胖了后我还想，那么喜欢梅花插瓶的钟鸣怎么把梅花从花市弄回家呢？

有评论称钟鸣是“中国写作界仅有的两头巨型动物之一——文学猛犸”。据说另一头巨型动物是“文学恐龙”朱大可。这说法很有趣，我喜欢。把钟鸣比作动物是很贴切的，对于一个写过《畜界·人界》这本奇书的人，用他最擅长的动物隐喻来对待他，是一种赞美。这几年来，钟鸣越来越鲜见于各种场合，加上体形膨胀，便真有点巨型动物的特色了，而猛犸对于他来说，也对吧，稀少的、绝迹了的。

我很怀念1990年代中期成都的写作氛围。那时我很年轻，又有郊游的热情，四处采风，是一个优秀的文学女青年。钟鸣对好学的青年是很赞赏的，愿意“补”点气出来，加上他和后来成为我先生的李先生是好友，于是我得以经常跟着李先生到钟鸣家听他“说聊斋”，还总是顺便蹭一顿他拿手的臊子面。那时的钟鸣在专心写他的三卷本大作

《旁观者》。他上午写，晚上看书或看碟；下午呢，一般来说他会出去玩。他经常去看电影，总是在电影开始之前，跟一帮十来岁的小孩一起挤在门厅的游戏机前又喊又叫地打一局。他看电影尤其是破电影经常流泪，按他的话说，"老子经常被一些庸俗的情节搞得泪流满面"。他还经常去淘碟，那时他常去的碟摊在春熙路夜市上，他挎的那个大包使他容易被人误会成流动碟贩，时不时有人低声问他："师兄，你有没有'生活片'？"我在那时就和他是碟友，如果他对我说，"这片子，妈哟，大怪癖！"，我就明白这片子很值得一看。

那时的钟鸣，有很多无厘头的精彩言论，其中很著名的一个段子是说有一个文学女青年问他："你为什么那么有才华？"钟鸣脱口而出："那是因为我洗脸和洗脚用同一条毛巾。"那时，柏桦也经常去钟鸣家。钟鸣藏书之独特、之丰富是出了名的，于是柏桦去一次他家，就偷偷"顺"几本书走。后来钟鸣发现了，跑到柏桦家质问。柏桦死不承认。于是钟鸣就搜，然后指着搜出的书问："你怎么说？！"柏桦毛了："没什么好说的。你要把这些书拿走，我就和你绝交！"钟鸣颓了。他也有颓的时候？！

创意装修

记忆中从钟鸣装修他在川工报的宿舍的时候就很少见到他了。我一直很想抽空去看看钟鸣的创意装修，但就在这个时期，钟鸣开着他的吉普开创新事业去了。然后，听到他发达的消息，然后，听到他搬到郊外豪宅、吃饭用明代瓷器的八卦，然后……钟鸣似乎真的隐退了，作为成都的一个传奇人物从人们的视野中消失了，只是，作为一个“巨型动物”，他的脚步过于轻盈了，我们都没有怎么听到动静。

后来再看到他，他的作品是“鹿野苑石刻艺术博物馆”。这个博物馆筹建于2000年初。奠基的时候还搞了一个颇为热闹的仪式，成都文化界、媒体界的一大帮人都去捧场，还吃了一顿好吃的伙食。我因为有事没去成。据其他朋友介绍，那地方，上风上水，颇有灵气，一看就是块宝地。我是在“鹿野苑”已经名声大噪之后去的，那天，钟鸣领着我们进“鹿野苑”，先就指着河水说：“上风上水！这就是成都的饮水河。也就是说，我在这里屙泡尿，你们全都喝到了。”

在我的印象中，这个已经认识了十来年的老朋友，还是那个把自己埋在书房里写那些古怪瑰丽的随笔的文坛异人。但事实上，从六七年前开始，他就开着车离开了书房，很快成功转型为一个古董鉴赏家和博物馆策划大师。钟鸣指着那些石刻对我们说：“这些东西，让我跑了40万公里，跑坏了三辆越野车。”跟着钟鸣参观完后，大家在草坪上晒着太阳，喝着茶，面带微笑听他讲下一步正在策划的其他博物馆的设想，舒服得想睡过去。也许我们大家的笑容太惬意了，钟鸣突然说：“你们以为我就真的走开啦？哼哼！告诉你们，放了好多人一马了，老子今年要重新开始写作了。书房都已经重新装修了，哼哼！”

我之所以说怀念以前的写作氛围，那是因为当年大家在一起真的就是只谈文学，谈读的书，谈打动了自己的文字，谈手头

正在写的东西。那些个在游泳池边、火锅店里、滨江路露天茶座上的谈话，全是这些东西。现实生活完全让位给文学了，我们都在过着一种虚构的生活，努力让自己成为一个虚构的人。我们曾经那么激动，那么纯情，那么凌空蹈虚，还有人吼道："十年之后见分晓！"听的时候哂笑不已，而今十年真的快过去了，想来却有点感动。分晓见与不见倒无所谓，怅然的是，现在谁还会这么说话呢？

现在间或看到钟鸣，他总是笑得非常慈祥。真的很高兴钟鸣还在写，还在出书。我周围朋友中有很多有才华的人，但钟鸣有所不同，他真的是个天才！现在，我也经常真切地感慨：在我的青春期里，钟鸣曾经给我过那么多关于文学的教益和那么多关于他自己诙谐的故事，而我，青春期也早就结束了。

创意美学：朱成私人石刻艺术博物馆

朱成除了是中国最大的石刻收藏家，他的真实身份是一个国宝级的雕塑家。从《千钧一箭》到《喜怒哀乐》，多年来，他一直在作一种努力，就是让雕塑流行，走向民间，让人们透过具象的雕塑，走向雕塑的深处。然而，如今的他更乐意让人们和他一起来分享这些石头。 因为，从汉唐到明清，我们的先人曾经生活过的家园，只能从这些深埋在地下的石头上去寻找了。那上面，雕刻着古人的理想，以及我们的历史。

“雕梁”不再，可以“画栋”

夏日的午后，府河悄悄地流过一个小小的村庄，不远处，高高的楼房铺天盖地而来，一路抵达位于河畔的朱成私人石刻艺术博物馆。一街之隔，温暖的阳光依旧。朱成在他有些微破的房子里，朝着我们微笑。

“我的博物馆是半开放式的，研究性质的。”他笑，“其实许多人都不知道我这里是个博物馆。我是这里的隐士，这里的一草一木、一屋一瓦都与我发生着关联。我硬是在这上面，弄出了一个博物馆。然而下面，还要往何处去，我也不知道。从1993年开始在这里，我一直都有一种漂流的感觉。”说完，朱成一脸苍凉。在他工作室的阳台上，可以看见这片土地即将被一种力量淹没，但他无能为力。

他曾经在接受《南方人物周刊》采访时说，他希望自己是个“瓦全工程”的缔造者。“玉已经碎了，我能不能让大趋势下不可避免消失的城市古建筑雕塑死里逃生？‘雕梁’不再，那么我们可以‘画栋’吧。”

他的博物馆，其实是几间简陋的大馆库和一些棚屋似的小仓库。一般都用钢管搭成两层，上面堆放雕花窗格、佛像等，下层则是墓葬石刻等。走在他的博物馆里，你会一次次为那些精美的浮雕而感动，为那些生活的场景而感觉温暖，在这个杂草丛生、落叶满地的院落里，在他简陋的工作室兼起居室里，随处都散放着从古代幸存下来的石碑、瓦当、汉砖、木雕、佛像等文物。朱成说：它们来源于泥土，就应该放在泥土之上。在他的眼里，它们待在那儿，他能够向它们会心一笑，那种幸福，也许只有它们才会懂得。

喜欢布阵

艺术评论家查常平这样审视朱成及其作品："朱成和许多一般的公共艺术家不同之处在于：在创作构思一件作品时，他希望它至少具有能够存留一个世纪的生命力。原本应当追求永恒的艺术，在我们的时代只能以短时段的存在为理想，这不能不说是我们的文明正在走向悲剧的前兆。朱成对时间的迷恋，使他从20世纪80年代初萌发了强烈的收藏意识。"

"我觉得任何一个文物都是一个时间的概念，通过每一个碎片我都在揣摩它是几十年前、几百年前，甚至几千年前的，我在感悟和体会一种时间的感觉。"朱成很喜欢一个词：布阵。在这个堆满时空的荒凉、破碎的地方，前无古人，后无来者，而他或坐，或立，或行走其中，或远行。这些文物就是可以呐喊嘶鸣、冲锋陷阵的士兵，而他是一个打马仗剑而行，明知不能胜还要去战的将军。朱成说，他经常感觉到一种伤感弥漫。一支苍凉而忧伤的曲子在反反复复地吟唱，在天际间。而他是孤独的剑客，唯能走向远方。冬去春来，周而复始，日出日落，雨深雾浓。他说："我活在一种自己的'境界'里面。"其实，他是在说，他自己在弹奏那支伤感弥漫的古曲。

在上世纪80年代初期，朱成就"朦朦胧胧地感觉到旧东西里面，尤其是民俗艺术品中，有一种很古老很朴素的时空感，那是一切技巧手段都无法达到的感觉。因为时间参与了那些民间的无名匠人的工作，使这些艺术品变得深沉、灿烂，充满被时光打磨后的圆润和光辉"。也就是从那个时候开始，朱成开始了他"孤注一掷"式的收藏。那时候，他还没有发觉自己已经走在一条通往幸福而悲壮的路上。因为这条路，没有尽头。

宏伟的构想

其实，他最初想做的是一个大概念的民俗博物馆。因为对时间感和空间感的敏感和独特理解，他发觉那些旧东西对他自己的视觉艺术和雕塑艺术很有启发。于是他就开始大量收集民间民俗艺术品。

他记得最初也零乱地收藏了一些，租了一个门面。那时候这些东西很便宜，也还没有现在的博物馆这种意识，后来门面做不下去了，就一次性地卖给了一个外国人。那时候，还感觉大赚了一笔——在20世纪80年代初期，几千块钱可是笔不小的数目。就这样，他开始认识和真正体会到文物的价值。从那时候起，他就有建立一个大型四川民俗博物馆群，抑或西南民俗博物馆，甚至长江上游民俗博物馆的愿望。他的想法总是很宏大。他甚至会白日做梦，梦见那个博物馆的宏大与辉煌。

“这个博物馆群要有木刻馆、石刻馆、瓷器馆、服饰馆……把这么多民间艺术品，一个系列一个系列分门别类地集中起来，想想看，千针万线、千门万户、千杯万盏、万家灯火、千奇百怪……那是个什么概念！想想都是一种幸福！”

其实，他的这种宏伟构想，是源于他发觉和心疼这些宝贝的流逝与消亡。“现在搞收藏和私博的人，大多是以‘雅玩’为主，真正有历史承担的人很少很少。”没有人

听见他心底的叹息。他要倾其所有、尽其所能，把那些我们民族的历史遗存保留下来，为我们的后人，保留美与生活的历史证物。他以为，每一件文物，就可以还原一个历史现场，直观地呈现出历史的本来面目。

最后，他的目光落在来自民间的石刻图像建筑。“真正富有生命力的艺术品，恰恰更可能出现在民间艺术里。”他在接受著名作家史幼波的采访时说，“因为这些东西不是用来把玩欣赏的，它们有着普通人日常生活所必须的实实在在的用途。这些文物上面的图像故事，也都与民族和时代的文化特征相关，内容包括传统文化的方方面面，诸如信仰、音乐、艺术、生活等。美与生活在藏品里变得不可分离。”

悲壮的守门人

朱成认为：“一座有魅力的城市，要传递一种文化精神，而这种精神的传递，需要更多优秀个体共同努力。”还好，他不是一个人在战斗。成都人也许特别有博物馆情结。在近100家博物馆里面，就有30多家私立博物馆。不管他们是在怎样地坚持着，他都认可这种力量的意义。

2005年12月1日，艺术家朱成与批评家陈默曾经有过一场精彩的对话。在这次对话中，陈默是这样解读朱成和他所代表的一群“成都私博人”：“但愈是个人的愈是公众的，其实质是他将一种无形的公众动力和精神开发、挖掘、凝聚，从而形成强大的合力，向着既定目标，除了留下遗产也留下了历史。”“当一个私立的博物馆聚落与公众进行公开性的互动后，它的‘私立’意义实际已开始弱化，而‘公产’性悄然提升。这是因为，博物馆性质的社会场景文化，会使得私立财富向社会财富和公共文化遗产转移。它不带有生硬的物理胁迫性，却有着来自社会文化惯性的善意趋向。这种趋向，迫使当事者的道德修养中的公众意义达到相当的高度。”

朱成，是一位始终微笑着的可以循循善诱的大师，他不像一位老者，更像一位充满了激情的需要去远行的青年。一片叶子落了下来……从龙门山上下来的水，悄悄流过成都平原，流过这个人丰富而满足的内心。那支由他自己弹奏的曲子又响了起来，弥漫在这院落里。然而，他是不是真的有一点累了，感觉到了力不从心。“除了我是这个博物馆的守门人，还要死在这个上头。有时候真想出去了，一走了之，就不回来了。”

“我的理想就是要有一个盒子，玻璃盒子，把我和这些藏品装入其中，成为历史的一个个残片，联系着过去与未来。”朱成说，“这个博物馆将是我人生中最大的一件公众艺术作品。”说这个话的人走出去，在这个即将消失的叫“青杠林村二组”的村庄，没有多少人知道他，和他的石头，和他存活在汉语中、存活在想象和记忆中的中国图像。

建川博物馆的创意梦

和公立博物馆不同的是，民办博物馆有着非常强烈的个人意志和鲜明的个人烙印，这是专属于建造者自已的创新与创意，会赋予他的博物馆独特的魅力。樊建川和他的建川博物馆聚落便是如此。

樊建川说过："建川博物馆聚落有很多第一，壮士广场第一，手印广场第一，然后正面战场馆、川军馆、美军馆、战俘馆都是第一，地震馆也是第一。我觉得我们这儿是创造第一的地方。"他以敏锐的眼光将其收藏投向近现代：为了和平收藏战争，为了未来收藏教训。他的博物馆模式是属于"樊式"的，不回避一些敏感的历史政治问题，同时带有强烈的公众情结，属于公共艺术的重要组成部分。

这不是一个凝固的博物馆

别看即将年逾花甲，樊老汉儿的建馆理念却非常有创意。建川博物馆一改建设单体博物馆的传统方式，大胆采用博物馆群落的建筑方式，将景观、建筑和题材所融合。他借用购物超市的概念，科学规划了博物馆格局，通过分单元建设博物馆，把正面战场馆、中流砥柱馆等抗战系列馆放在一起，把地震美术馆、“5·12”汶川大地震博物馆等地震系列馆放在一起，按照每一个馆45分钟参观时间来设置，进入博物馆聚落不收门票，使博物馆更加符合人们的生活习惯。此外，他一直希望建川博物馆成为跟着时代走的博物馆，而不是一个凝固的博物馆，在“5·12”大地震灾难发生仅一个月后，第一个“5·12”地震纪念展在建川博物馆免费开放了。最核心的一点，他认为博物馆的生命力源自好文物。馆里95%的文物是通过全国各地古玩商人或者文物收藏者帮助收购，还有一些重要的私人文物，樊建川会不断登门拜访，让捐赠者理解和认同建川博物馆的建馆理念，最后同意捐赠。比如黄埔同学会捐赠的全国唯一一套黄埔军校的课桌课椅和课凳，国家军事博物馆没有，卢沟桥抗战

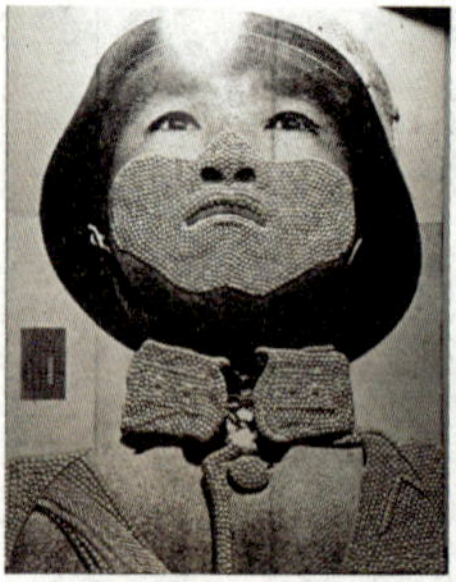

博物馆没有，黄埔军校博物馆也没有。

曾经有人这样描述过樊建川："他不停向人介绍他收藏的宝贝，经常会自顾自地俯下身，对着早被他抚摩过千百遍的藏品喃喃自语：美啊！美啊！深夜聊到兴奋处，樊会蹬着破袜子盘坐在沙发上，双手在空中挥舞，镜片后跳动着激越的火光。"樊建川收藏的抗战文物，全国没有任何机构可比。为了收集文物，他跑遍了大江南北和十几个国家。特别是为收集抗战文物，他多次到参与第二次世界大战的英、美、德、俄等国家，数次在日本大规模地购买侵华战争文物。他建立了一个人数众多的文物收集网络，收集渠道广泛：文物市场、拍卖市场、线人报信、媒体信息、黄埔后代、众人馈赠等。即使散落海内外的文物经九曲十八弯也能归于他手中。他还为他的博物馆群创造了一个新词：聚落。他打算凡是1900年以来中国发生的灾难和重大历史，都准备建主题博物馆，甚至考虑增加一个华夏名人系列。他说："将来要想看这100 年的中国历史，还得到我们大邑的博物馆聚落来。"

创意来源于对历史的思考

在樊建川眼里，有展览无教育的博物馆是很糟糕的。他的建馆理念就是"重在教育"。用实物和它背后的故事实实在在地教育——在传承中铭记，在铭记中受训，在受训中传承。 樊建川自2003年开始着手筹建博物馆以来，始终为资金问题困扰，他所有的积蓄已全部投入到博物馆聚落的建设中，还是不够，怎么办？于是卖掉了总公司的办公大楼。除了资金的问题，还有其他问题，近代历史题材的大规模民间博物馆，是前人未曾涉足的空白，在相关法律法规尤其是具体政策和尺度上，樊建川可没少纠结。抗战系列博物馆原想赶在2005年8月抗战60周年胜利纪念日正式开张，但“准生证”未能到手，开馆日只能以“试馆”名义开馆，12月27日才搞定一切手续。当初参与设计、运作这件事的人，至今都认为是奇迹，因为他们实在不相信抗战系列中的国民党馆、川军馆、美军馆、战俘纪念馆居然能在今天的中国开张。

唯有成为真正心理健康的民族才可能是强大的民族。樊建川的创意来源于他对历史的不断探索和思考。他不仅对战俘观念作了颠覆，还计划建汉奸馆——八年抗战我们的国家竟出百万汉奸，汪精卫汉奸队伍、伪满洲国汉奸队伍、华北伪政权汉奸队伍、维持会……为什么？樊建川悟出“天下之坏事，一半是坏人做出来的，另一半是一些算不上坏人的人对坏人麻木、容忍、默许乃至支持的结果”。建汉奸馆，强化“要留清气满乾坤”。

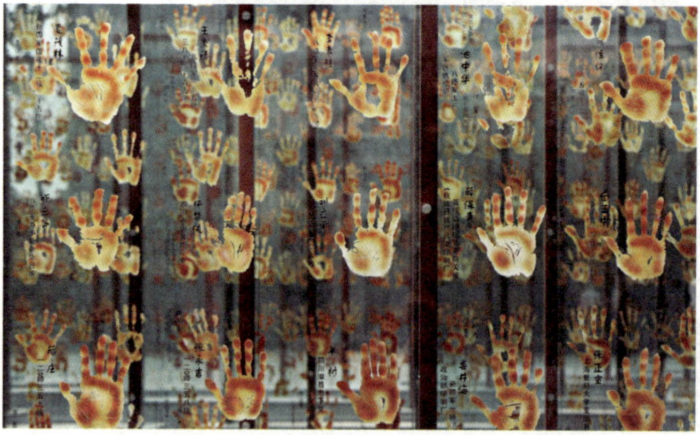

樊建川说：“我们现在是中国最大的博物馆群，我想把它做成世界一流的博物馆。以前还没有这个想法，但我去美国考察了他们九个一流博物馆，完全有了这个信心。我们目前有文物800多万件，国家一级文物121件，这在中国名列前茅，仅次于国家博物馆和军事博物馆。几年以后，希望世界上说起卢浮宫、纽约大都会博物馆，就该说建川博物馆了。我希望自己以后能不过多地考虑找钱，把激情和创意都投入到博物馆的事业中来。但这可能很难，还是必须抓革命、促生产，维持生存，一边谋生一边办事业。”

建川博物馆里源源不断的创意的背后是樊建川身上的古典江湖侠气和狂热的使命感。樊建川在他的《大馆奴》中写到立遗嘱之事：“死后，皮囊交给我曾工作过八年的第三军医大学，废物利用：1. 零碎部件如角膜等，随便取，随便用。2. 骨骼做成标本，亭亭玉立，用于教学，告诉未来学生，这就是老教员樊傻儿。3. 皮剥下来，绷成一砣战鼓，永远陪着我的博物馆，客官为博物馆捐点钱，可以敲我，谓之‘鼓舞’。” 他也明确表示，这些凝聚着他大半生的心血和耗费了他毕生积蓄的巨量珍贵文物，死后不留给家人，而是全部留给国家和社会，成为整个国家和全民族的共有遗产。

刘家琨：创新来自“此时此地”

当今中国的建筑设计师大抵分为三类：国营设计院的建筑师群体、不断涌入中国的洋建筑师，以及小众但具有明星像的实验建筑师，刘家琨无疑属于后者。他这样阐释自己对于建筑师这个职业的理解：“砖头瓦块情商不高，但建筑师可以无中生有，我愿意让砖头瓦块更有人性，而不是更加非人。”正是对建筑的深刻认识，使他的作品外表低调拙朴，而空间灵动，别有诗意，照片效果远远不及身临其境。

低技策略

从1994年的罗中立工作室到如今的西村一号，独具风格的作品使刘家琨获奖无数：亚洲建协荣誉奖、2003年中国建筑艺术奖、建筑实录中国奖、远东建筑奖、中国建筑学会建筑创作大奖……他早已成为国内建筑界少数几位在世界范围内颇有影响力的“大咖”，可他却拥有与其他人不一样的秉性：长年栖身川蜀之地，和北京、江浙沪等建筑师聚集之地互通有无而又保持着距离；有一帮画家、诗人朋友，罗中立、何多苓、欧阳江河或是翟永明，闲时乐于呼啸群聚，后来帮其中的一些人建房子，互为映射和说明；不乐意谈论建筑的风格、走向，更愿意强调建筑的“此时此地”，用低技的策略消解困难。

“低技策略”这个概念是刘家琨在乡村完成了几幢房子之后的一些体会，“只是一种被逼无奈，将错就错的战术，可以被称之为‘处理现实’，消极点说是一种挣扎，积极点说是尽量利用现有的条件。”而正是这种对环境的把握和解决问题的创造力为人所称道，最终奠定了他作为国内一线建筑师的地位。

刘家琨曾多次受邀在麻省理工学院、英国皇家艺术学院及中国多所大学开办讲座，在这些讲座中刘家琨比较爱讲到的一个题目叫《处理现实》，如今刘家琨更愿意用“穿越现实”来说明自己现在的状态，相比于处理，穿越会是一个更积极的姿态。刘家琨承认，这种转变，来自于将近十年在国内建筑领域取得的成就和影响。

1994年，刘家琨为画家罗中立设计建造了工作室，这成了他第一个真正意义的建筑作品。在《我在西部做建筑》的文章中，刘家琨写到：“罗中立工作室是当时国

内首批兴建的艺术家工作室。这举动已经奢侈得令画家自己不安，投资建设当然更要节俭了。买地的时候已经约定要由当地人来施工。卖了地，想通过修房再挣点钱是情有可原的。就这么些农民兄弟，大家往田里一站，事情该往哪个方向去做好像不言自明，如果你执意要去干些花钱多技术上又难的事，不过是自找没趣。”

罗中立工作室在当时建筑系引起了反响，刘家琨也从中体会到建筑真正内涵，他放弃了写作，开始成为一名职业建筑师。接着刘家琨为画家何多苓设计工作室，以及犀苑休闲营地、鹿野苑石刻博物馆建成之后，这几件作品都成为他的代表作。

立足当代

有人这样解读刘家琨的创新：刘家琨充分利用本地资源而获得更高的艺术品质的所谓“低技策略”，在鹿野苑石刻博物馆的建造上体现得较为明显。他让毫无经验的农民施工队，用清水混凝土建出一块冷峻的巨石型建筑，并在墙体上保留着建造的痕迹。对于刘家琨而言，清水混凝土的使用已不仅仅是建筑方法的问题，而是美学和精神品质的问题。在中国，清水混凝土至今仍是建筑师不敢随便使用的材料，主要原因是施工技术不过关，但是刘家琨并没有轻易放弃，而是采用他擅长的“低技术”理念：先砌半砖墙，再在外面搭模浇混凝土，浇筑混凝土的模板是用10厘米左右的杉木板拼成，正好能留下很具机理的“表皮”，“选择的砌筑方法并非仅仅是造价原因，而是针对‘此时此地’的一种探索。”由于这种做法在国内从未有过，刘家琨亲自来到工地，自己先做实验确认了垂直的可能性，再让工人照着做。最终，从来没见过清水混凝土的工人竟硬是在刘家琨指导下把博物馆建了出来。

在技术达不到设计要求的时候，刘家琨给了自己更大的难度与挑战,以设计的巧思来弥补施工的不足。不花太多心思在建筑物华丽的视觉冲击上，而是将施工不足的压力留给自己，虽然这样做对建筑师来说有很大的风险，但就中国建筑现状而言，这才是更加脚踏实地的做法。

成都这样的一种生存状态也造就了刘家琨的建筑风格。刘家琨觉得：根据城市自身的历史资源和由此生长出来的发展战略，确定具有延续性的城市构架，合理利用资源，同时立足于当代生活的功能，用当代的技术和材料创造真实的、当代的、具有地方特性的建筑类型和风格——就像各地的古人们在他们的“当代”那样。

见素抱朴：许燎源现代设计艺术博物馆

盛夏的三圣乡繁花似锦，暗香袭人。许燎源现代设计博物馆就隐匿在这样的花香中，宛若一块熠着冷光的古墨，在娇媚的阳光下静卧。

博物馆通体玄色，神秘而冷峻，并未与绿荫匝地的环境相冲突，相反让人觉得相得益彰，不可或缺。建筑其实也是许燎源先生创意设计风格的外延和放大，他一贯秉承的简洁、精微、现代的手法在这里得到了最好体现。

最简单的创意

建筑也是设计本身。从馆侧错落有致的装饰窗格可以看出许燎源先生对待其作品的用心。红与黑的色调与整个博物馆既有呼应关系，又相互统一，有着传统画论里“占三聚五”的布白机趣。朝大路的方向为一庭院，院中乔木疏静，是喝咖啡的好去处。

博物馆后方是雅巧精湛的“朴素堂”办公楼，其欹斜的取势如凌厉的落子般点破了前馆的沉稳平衡，使得整个馆体出奇而有法度。如果我们分割开来看博物馆，会发现建筑的外沿看上去会略显方硬。不过，当它与周围的那些元素相融时，美感便产生了，就如“黑夜是在田地里慢慢升起的”一样自然。

穿过品红色的正门，底楼大厅内的作品布阵排兵，井然有序。矗立在厅内的青灰色墙体把雕塑、酒类设计和瓷器分割开来，使其既各自独立又相互贯通。迈入大厅首先映入眼帘的是一件类似于字典的雕塑，金属的质地散发出汉字带来的美学深意，令人震撼。左侧是酒类设计作品，其中有大家熟悉的五粮液、茅台、剑南春和舍得酒等包装设计。这些作品在无声地述说着许燎源先生对视觉美感和细节安排的把控能力。“尽精微，致广大”。看那“无上妙品”酒，从结体上看是重构了的，外盒的立体设计与陶土般的瓶身相契交融，色相沉雅质朴，既现代时尚，又具有古意。外包装上的四个行书体的字恣意秀逸，传递出中国传统酒文化的诗情内核。

许燎源先生在接受《青年作家》采访时说：“我是想用最简单的符号语言，表达一种酒的精神品质。”他的代表作“水井坊”的设计，就是集几种符号于一体，

让人自然而活泼地触到古蜀文明的气息。这款作品作为中国对外交流的文化使者，被故宫博物馆和人头马博物馆永久性收藏。

艺术融入生活

天光从透明的玻璃天棚漫射下来，脚步开始放慢。十几幅黑底白线肖像线描密集在墙壁一隅，画面洗练精到，不由让人想到画家冷冰川绵密幽玄的画风。虽然在气息上二人有相近之处，但一疏一密的艺术匠心却是大为不同的。

大厅内，散落在陈列品周围的椅子仿佛是一个个画眼，起到了调节眼球的作用。椅子的造型分割得当，赋色斑斓，其中一些作品糅合了圈椅、交椅、官帽椅等样式，怪异而和谐。在这里，椅子的实用功能已经消解，让人处处感到生活即是艺术，美无处

不在，即使是椅子这样的家用物品，也会给我们带来诸多美妙和灵感。许燎源正是因了这样独到的善于发现和创造美的眼光，才会有许多巧夺天工的作品吧。

这里的雕塑和瓷器同样精彩。据馆内的工作人员介绍，博物馆的雕塑展品很多是以不锈钢为主，其造型艺术采用的是全球独家技术薄壁浸润铸造法，才有这般的痛快淋漓；瓷器的手绘独具匠心，色彩强烈，线条明快，足见绘制者的功力。

沿着节奏性很强的红色梯栏上楼后是书法和绘画区。二楼的空间布局重叠错乱，光线迷离，周围瓦青色的砖柱古典又现代。

那些白纸上掠过的墨块，线条或枯或润，大胆而不刻意精心，让人震惊又享受，这就是许燎源的意象书法。站在这些作品前，无需揣度文字背后的意义，黑夜一样的线团足以拓展想象的空间。

绘画区的墨荷系列水墨淋漓，散发出回归传统的真意，沁人心脾的书卷气自然而然。盛宴，没有比这更饱满活泼的盛宴了！在许燎源现代艺术馆里，陶瓷用品、纸类、家具、玻璃、金属制品等无一不来源于生活，而又高于生活，很难说它是古老的还是现代的，因为两者融合得浑然天成——现代的设计深得“艺术融入生活”的传统朴素思想的滋养。是的，只有离大地越近的东西，才越具有淳厚的亲和感，正如他取的“朴素堂”名字一样。这何尝不是现代艺术博物馆的发展方向呢？

傅冰：卖创意的人

“创意改变生活”。黑蚁设计公司董事傅冰觉得创意不是高深莫测的，而是和生活密切相关。很多创意其实一直就在你身边，你发现一个有意思的东西，它叫创意；小馆子里的厨师做出一个有意思的菜，叫创意；生活中，一个有想法的摆件，也叫创意。在中国，文化创意产业还是一个启蒙的阶段，如果把创意称为产业，那这一定是和人们生活很贴近的产业，而且我们身边的每个人都有创意。

相比于深谙理论的学院派，傅冰是个实战派。这20年来，他是个卖创意的人，在和无数甲方的对抗博弈中成长。

创意要落地

一个年轻设计师曾经指着芙蓉古城黑蚁的办公区域满怀羡慕地说：“我们上学那会儿，最大的梦想就是毕业后进黑蚁。”在成都创意设计圈，如果你没听过黑蚁傅冰，那你可能会被认为是圈外人。傅冰1993年从四川美院艺术设计系毕业，第二年，开了黑蚁设计公司。谈及自己和创意的渊源，傅冰说：“我们做的是广告设计行业或者是创意设计行业，所以我们面对的客户更多的是不同的企业，比如房地产企业、餐饮企业或是教育、医疗、通讯、快消品等各种不同类别的行业。他们跟我们合作，是希望我们提供创意设计服务，让企业的品牌形象更有价值，更有附加值、竞争力和美誉度。这种行为是商业行为。”

傅冰留一头长卷发，看起来应该是那种守着艺术理想，坚决和商业划清界限的斗士，其实不然。“谁说艺术不能被商业化的？”这是实战派非常典型的特点：不装疯迷窍，靠自己当下做的事情为例证，让创意落地，放到市场上检验。他说：“之所以把创意和艺术相连，是因为真正好的东西，是和艺术息息相关的，不管你做服装设计，还是建筑设计，或者是汽车设计，都会引入很多和艺术相关的概念和思维。一个好的作品，都是艺术家做的，艺术创作和别人有不同的地方，它更有个性也更忠于自己，好的设计作品，都是艺术家做的。”傅冰觉得，如果艺术没有商业价值，也就没有艺术价值。作为苹果公司的拥趸，他非常认同苹果的创意理念——把科技和艺术管理结合。因为有好的创意，才有好的产品，在市场上也得到了认可，所以苹果获得了商业的成功和大家的尊重。

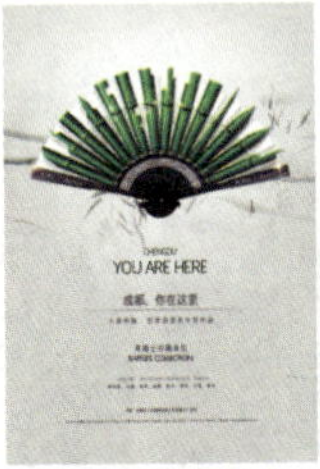

创意转型

黑蚁做了20年，叫得响的案例也无需多的赘述，每个从黑蚁出来的人都为自己曾是那其中的一员而觉得骄傲，不过他们的老板一点儿不打算枕在过去的辉煌上睡大觉，他常常颠覆自己，很多之前的观点再问他，他会说："啊？我以前这样说过啊？好尴尬。"

公司在正常的轨道上发展，但是傅冰觉得他们这么多年，一直在为客户服务，为他们树立品牌，为他们的产品做好的包装。"我们有那么多好的经验和创意人的思维，那为什么我们自己不能开发产品？"

一年前，他尝试当自己的甲方，开始做新产品的研发。他很喜欢喝茶，于是高歌猛进茶行业。在这之前，他在传统和高端的茶领域做过尝试，甚至还在自己的工作室烧窑制陶，但发现效果不是很好。和之前无数次碰壁一样，他说："好嘛，那我不把茶当茶来做。"

在中国，茶是非常传统的产品，年轻人没有喝茶的习惯，他们更喜欢有趣的花果茶，傅冰颠覆了中国传统茶的理念，把它做成一个创意时尚的产品，让茶年轻时尚化，创意化，更具体验性和互动性，价格也更亲民，而且只针对"80后"、"90后"的年轻人。预计2014年10月，他的店会在成都的两家高端商场开业，这里有成品的销售，你可以为不同的茶选不同的包装；也会有体验区，你面对的将是半成品，怎么玩怎么调配，那是你自己的事情；每一个不同的节庆，他们会为不同的人群推出不同主题的茶……他说这是第一步，他的第二步是等品牌做起来之后，做金融产品，带动年轻人去创业。

傅冰之前说过，创意产业在囧途。他说："现在我不囧了，做这个行业这么多年，其实你自己可以去玩一些东西了，这是我们的优势。创意是有商业价值的，所以我想要把它做好。茶就是我的新的创新，茶里有很多创意设计，我们自己去挖掘。"

听说傅冰要做茶了，做设计的朋友都在感叹："包装盒盒得做得多好看啊？"他的茶还没有正式面向市场，但他对自己非常有信心，"为什么会不受欢迎呢？"广告创意公司需要转型，把传统的东西用现代的方法去包装，卖创意的人做产品的开发，做自己的品牌，去面对更广大的市场和消费者，这是设计公司和创意公司以后必走的路子。

这是一个大的创意时代，傅冰始终是个卖创意的人。他说过："不要只做一件重复的事，在创意的过程中要喜新厌旧、朝三暮四、见异思迁、吃着碗里的想着锅里的……"不折腾不创意，他的创意转型之路会怎样呢？谁也不知道，交给市场和时间吧。

李兵：行走在创意的心路上

近几年来，精品酒店风靡全球，这种新型的酒店经营模式及类型，为我们的休闲生活带来了更加专属与时尚的空间。是怎样的设计理念成就了这些令人慨叹的赏心悦目，又是怎样的创意思想凝练出传世佳作的经久不衰？为了掀开精品酒店设计的神秘面纱，我们走进国际精品酒店设计师李兵先生的创意设计世界。

1993年毕业于中国美术学院的李兵，是意大利米兰理工大学设计管理学硕士，现任亚太酒店设计协会常务理事。李兵1995年创立德思蒙设计事务所，主理多项星级酒店、会所及休闲设施的总体规划和改造工程；以其丰富经验及统筹能力在德思蒙酒店设计顾问有限公司中担任设计总监职务；成功设计了花水湾豪生度假酒店、成都艺朗精品酒店、成都世纪城洲际大酒店、西藏日喀则天路大酒店等著名精品酒店，有“精品酒店达人”的美誉。

是设计，是生活，也是创意价值

拥有几千年历史文化的中国建筑美学，凝聚了魅力无穷的东方文化，总是让人着迷。李兵特别善于将传统文化以现代的装饰手法巧妙运用于设计之中。设计的起源点是生活，而人是设计的核心。李兵秉承"为人设计，为生活而设计"的设计理念与原则，多年来带领其团队，不仅为不同的客户与项目创造出精彩而独到的设计作品，同时作为设计人，也为社会诠释种种生活状态与设计文化。

对于酒店设计的创意谈话，李兵强调经历和经验的重要，他说："提到我时，大家总会提到花水湾豪生度假酒店、西藏日喀则天路酒店、珠海华发喜来登大酒店……其实我很希望起初的设计蓝本能与之相提并论，即使根本谈不上奢华，也毫无商业可言，但我从最初设计的房里真正读懂了精品酒店的概念与含义，我想这也是日后我之所以能坚持自己的风格却还能被大众认同的原因。我在做设计方案的时候，每设计一个房间，都会请朋友们先来试住，大家一起讲每个房间的故事，很有意思。那些沙发、床、浴台、窗帘……我都倾注了很多心血，所以来来往往的客人也许只把这里当一个漂亮的房间，而对于我，他们都是精致的作品，甚至小到一个烟缸。我把这些用最直接的灵感陈设出的作品称为艺术品，如同我对时尚的理解一样，这些最原始的悸动更适合引领潮流与时代。"

早在2001年已经和新加坡著名国际设计公司合作的李兵，如今他设计的酒店也驻进了中国的各个角落，也让自己的创意理念走进中国大大小小的城市。在李兵看来，原始简陋的房间就像千万设计师们寻找的那张白纸，让他的灵感没有了束缚与限制。有时兴致来了，李兵会给自己"装修"的这些房间起一个名字，编一个浪漫的

故事，设定了专属的色彩，并设计了风格吻合的家具、软配，当不同的主题亮相时，精品酒店业的奇迹也随之诞生。这些奢华、个性又绝对纯粹的“精品酒店”也自此进入了全国酒店业的记录册，而李兵也有了一个响亮的称号“精品酒店达人”。

在李兵看来，每个酒店地址都是唯一的，而设计的风格也是独一无二的。这不仅是德思蒙多年坚持的设计思想，也是整个团队对业主的精神主张，以及对当地文化的尊重。重现“地域特色”的思想，设计融入当地文化背景、地域特性及风俗人情并合理提升的产品。创意设计是来去于现实和虚拟的通道，独特、永恒却又细腻，身在其中的每一次体验都有的新感觉。当然，没有酒店业主的远见和智慧就没有德思蒙酒店设计顾问今天的成就。因为，只有他们才了解人们需要什么及如何去满足这些需要。通过旅游者、管理者以及附近居住的人们都满意，而使酒店所有者心悦，这才是德思蒙的成功。

是房间，是艺术品，也是故事

18世纪末，在欧洲为了方便商务及少部分旅行者，由店主依据地方特色及自己喜好所布置的小量体旅馆的逐步兴起成为了精品酒店的雏形。同时，欧洲具有相当数量的城堡，在战争结束后，由个人或者授勋家族自行维护是一笔非常大的费用，因此有人提出将这些古堡联盟交由一个特定的旅游性组织来交换客源，流通使用。这不仅是另一型精品酒店的起源，更是现在盛行的“分时度假”的来由。

精品酒店是有别于传统酒店的，有个性、有主题、充满设计感的精致空间。传统酒店无外乎是行政间、套件、标间、总统间，这些是我们耳熟能详的空间模块。如果每个房间都有不同的名称、不同的装修布置、不同的功能分布、甚至有不同的故事描述，间间都是独一无二的精品客房，那么这样的酒店将会适时度势的匹配不同客体的最好空间。这样的空间不仅是让人们休憩的房间，也是一件沁心沁脾的艺术品，更是一个值得玩味收藏的故事。

“很多时候人们在问我设计的理念是什么，我无法给设计以及我的作品一个隆重的定义，但是直到现在我都清晰的记得所有作品的特点、风格以及那些细小的环节。”李兵若有所思的说道，“我眼里所见的，都要是流动的。一个好的设计作品一定是如同我们人体一样有血有肉、有个性有特征、有鲜活生命力的个体。”

李兵侃侃而谈：“记得，在当时珠海华发喜来登大酒店的房间设计中，七十几平米大的浴室，周边隔着玻璃种满了绿树及水草植物，黑色大理石的浴缸上上下下放满了熏香蜡烛，微微的烛光能让浸泡在浴缸里的人倍感舒适放松。但总觉得少了些贵气，挑选了很久，最后将一张宝蓝色的欧式贵妃椅，一个圆木的小案台，配合水果香槟酒的艺术装饰添加进了房间，使得空间的色彩跳跃感顿时加强，也多了很多浪漫的元素。这样的例子在精品的设计中屡见不鲜，不同的家具风格能呈现不同的主题特色，而同样的家具风格又能组合营造出不同的情调，犹如血肉之于躯体，让艺术活灵活现。”

李兵就是这样，将生活中最自然贴切的元素融入进每个空间，雕刻在每个角落，让酒店房间不再是单一而单调的客房，而是一尊有声有色有生命的艺术品，一段有历史有韵味有回忆的故事。

汪晓岗：本地特色是最好的城市创意

经过两次预约，终于见到了四川省城乡规划设计研究院总规划师汪晓岗，他刚下飞机从日本学习归来，他说只要空了就会出去多看多学习，给创意灵感充电。汪晓岗主要从事城市规划工作，重点对历史文化名城的保护、城市设计、详细规划方面的工作研究较多，如都江堰历史文化名城保护规划，资中县城历史文化名城保护规划，成都虹口乡域及集镇、高原村城乡一体化建设规划等等。这一次，我们针对城市创意这一话题，与汪晓岗进行了有关城市设计与规划方面的探讨。

每个城市的田园梦

作为内陆城市，成都既不靠海，也不临江，为什么能够吸引世界？就是因为成都这些保留下来的物质的和非物质的文化资源，它不易为外来事物所改变，同时还能包容地收纳外来特色。如果问为什么喜欢成都，就在于她是一座拥有这些空间及潜质的城市。每个都市人都有一个美好的田园梦，而田园生活一定要有这类“三度空间”存在。

在成都的城市建设与发展中，“创意城市”的规划行动不胜枚举，从城乡统筹规划到世界生态田园城市，再到天府新区建设，无不践行着对生态环境的重视和保护、对文化的弘扬和创造。规划者们一直都在思索：怎样才能塑造一座既有城市气氛，又不失美丽“乡愁”的和谐桃源，成功塑造出让人流连忘返的各类空间——宽窄巷子、武侯祠锦里、三圣花乡、各类楔形生态绿地、环城绿化生态带等重大文化、旅游、生态项目。在以上的项目之中，某些地方有源自历史的文化深度，而借此

确立特色，让城市运用成年累月的古色古香感，使历史焕发新生，如宽窄巷子、武侯祠锦里。有些地方却是体现本地特色、吸收外来文化的精品，如三圣花乡、环城绿化生态带建设等。这些举措，就是城市创意——它不仅传承与保护了我们身边的历史文化资源和生态资源，创造性地诠释城市与历史、与乡村的和谐关系，再现与提升区域和城市的魅力，让本地居民在发展中率先受益，给外来游客以高质量的文化体验……更重要的，是希望探索出符合现代城市发展和人们需要的美好发展模式。这种创意，恰恰才是我们这个时代最为珍贵、也最具价值的事物。

城市创意是新型共识

相关数据显示：世界上越来越多的人口将生活在城市中。在欧洲，这数字已超过75%，而在发展中国家，才刚达50%。早在20年前，全世界的数据仅有29%，然而，多数生活在城市的人，是出自需要而在这里，而非渴望。1997年的一项调查显示，英国有84%的民众想生活在小村庄，但实际能这么做的人只有4%。我们无法创造足够多的村庄环境，以满足这些渴望。反之，我们必须使城市成为令人向往的居住与造访地，而这一部分要靠为城市重新创造大家所认为的身在村庄的价值，也就是人们理解的归属、延续、安全和和谐感。

英国Charles Landry说过：“鼓励大家发挥想象力的城市，远远超越了城市基础工程典范”。意思就是说：一座人性化、创意化的城市不只是一味专注于诸如城市道路、千篇一律的住宅开发，或是平凡无奇的办公大楼等硬件基础建设，它需要结合软、硬件基础建设。其中：软件基础建设包括关注人们如何才能如意地交往；鼓励促进人际沟通的实体发展与空间营造等。这些空间应具有高度的质量与舒适便利性，它所提倡的应是既非住家也非工作场所，而是让人们得以聚会的“三度空间”。它也许是一家咖啡馆，或是其他种类的聚会场所；也可以是较令人兴奋与安静场所的综合体；还可以是绿意盎然、高度重视美感的乡村环境。

城市发展的历程从某种意义上来说，不仅是人类居住方式不断演变的过程，同时也是人类对居住环境进行规划、建设和改造的过程。因此，对于城市设计者们来说，创意城市不仅是利用这些资源的方法，而且是应该负责地认清、管理并利用这些资源。特别是对文化的重视，应该体现在城市规划与发展的技术细节中。现在我们谈论的创意，甚至是创意城市运动，回顾形成这些概念的20世纪80年代末，当时所探讨的关键用语包括：文化、艺术、文化规划、文化资源与文化产业等。创意是个内涵很广的概念，直到20世纪90年代中期，它才成为一种新型的共识。

浓园：大家一起玩创意

成都浓园艺术村建成时间不算久，但它对年轻艺术家的吸引力却在呈N次方爆破式递增。现在，搬进浓园创作的艺术家有近200人，已居成都各艺术创作基地人数之最。在程丛林等重要艺术家的推动下，浓园的知名度直追蓝顶、荷塘月色两个老牌艺术村，它们在成都西南形成了“三足鼎立”之势。

艺术家对待生活大都比较简单，选择在哪里创作，可能要么因为朋友，要么因为习惯。浓园靠近簇桥农村生活区，加之园内植被茂盛，俨然“世外桃源”的模样，有点“诗意地栖居和创作”的意思。于是，大家聚在这么一地儿，喝茶吹牛玩创意。

荒地、构想与实践

浓园艺术村的修建本来就是件极具创意的事情。2004年，这里还是一片荒地。学过绘画的蒋林有心要建艺术基地，就拿下了它。而程丛林自从开始在四川大学艺术学院任教以来，就一直想找一处艺术工作室，自己搞搞创作，还可以教学生。他记得那是2004年底，有一天他刚下课，天色已晚，飘着蒙蒙细雨，蒋林兴冲冲地找到他，谈那片荒地的事情。那天，程丛林承诺，艺术基地落成，自己一定入驻。得到程丛林支持的蒋林，又找到马一平、朱成、何多苓等居住在成都的艺术大腕，坐下来开了一个“构想会”。构想的初衷是只找几十个处得来的艺术家入驻，修来出租的画室只有三四十个，老蒋把它们出租给有创作实力的艺术家，靠这部分资金养活浓园产业。2004年底，蒋林开始按计划轰轰烈烈地开干。他先在这片158亩的废弃之地上修了一条路，接着又与园内的杂草作斗争，将它们全部铲除。然后拉了1000多车树，将这里变成了一座苗圃，就等大家来修各自的房子了。然而，构想落到实践总是会发生改变。此时，入驻与不入驻的艺术家与原先的预想发生了误差。原来艺术家都太“个人化”，每个人的发展规划也不同。关键时刻，程丛林给了蒋林很大的支持，率先在园内修起了工作室。程丛林带动了一批优秀的艺术家，杨寒梅、曹阳、孟涛、邱光平、陈硕等人的工作室都先后破土动工。2006年，蒋林的出租画室修好后，又吸引了吕华、许林涛、胡峻涤、王崇学等实力艺术家。

浓园环境好、入驻的艺术家吸引力大的口碑迅速传出去，要求租用这里的艺术工作室的人越来越多，其中很多是刚出道的年轻人。这时，浓园显示出了自己的开放性，把花样百出但充满新鲜活力的年轻画家吸收进来。于是形成了今天“大家一起玩”的局面——老师带着学生玩，成熟画家带着“愣头青”玩。

创意分子在浓园

浓园吸引来了一大批创意分子，他们让浓园活起来。20世纪90年代初期就在中国美术馆举办个人画展的曹阳，早已是一位蜚声画坛的优秀艺术家了。可在浓园，

他是程丛林的“大弟子”。1983年，程丛林从中央美院“大师班”毕业后回到四川美院，搞了一场轰轰烈烈的教学实验，曹阳就是程丛林实验班上的首批学生。

曹阳“大师兄”的确不辱这个名号。为人处世厚道正直，搞起艺术精益求精，画的虽是成都平原老房子和郊外景色，可表达的却是相当形而上学的内容。德彪西、莫扎特的音乐经常回荡在他画室里，热滚滚的普洱茶让这里的时间流淌得似乎都比别处“慢”。

跟曹阳相比，王崇学就是“小师弟”了。他硕士毕业不久，就和老师程丛林、陈丹青一起参加了《中国当代油画精品展》，这是他参加的第一个规格比较高的展览。王

崇学被戏称为浓园“标兵”，每天早晨7点过开始画画，一直画到晚上11点才休息。他很年轻，没有别的事分心，身体和精神都处于顶峰状态，委实让不少画家羡慕。

吕华作为川大的访问学者跟着程丛林学习。他最受欢迎的作品是女人像，流水般适当的局部虚化表达出他对女人独特的理解。在浓园，他有滋有味的生活经常成为大家的话题：这个钻石“王老五”并不孤单，相反，“家人”一大堆，共计中华田园犬一只、芦花鸡N只、乌龟两只……

看起来老实木纳的许林涛在吕华隔壁楼上，也在读程丛林的硕士班。他其实很努力，也挺有悟性，据说常得到老师的口头表扬。许林涛说，浓园里有一半的画家晚上都住在这里，其中包括不少硕士班上的同学。跟师友们生活在环境这么好的地方，的确很安逸。

画家胡峻涤的《聊斋》女鬼技法高超，夺了不少人的魂魄。可他并不满足于此，一直琢磨怎么拓宽题材。

王朝民自称是个“神仙”，从前一直在祖国大地上独行，后来发现“神仙”该居住的地方是成都，又鬼使神差地碰到蒋林，便在浓园安营扎寨。他养了两只大狗，不带客套地说自己和它们与吕华“鸡犬相闻”的生活是浓园诗意的代表之一。

郑驰是浓园“美女画家”。年轻貌美，却已是民大的老师。她平时要上课，只能尽量抽空过来画画，加上女孩子讲究，所以不像那些男画家们住在画室里。她关注自己和周围的女性，对女性在当代生活中的状况充满了探索和表现的欲望。

何建忠年纪就更小了，完全是个“80后”。他才从川音美院油画系毕业，就选择了浓园。蒋林对这种有才气的小画家非常爱护，为了保证他们专心创作，免费提供画室。

浓园有自己的茶室，位于进大门不远处。室内的老家具、普洱茶香和室外的浓荫相得益彰。这里是休息时间园子里最热闹的地方，蒋林经常据守此处，和艺术家们喝茶聊艺术谈创意，规划浓园美好的未来。

梵木艺术馆：生产创意的基地

锦江区晨辉东路，成都乐器厂旧址，由于废置多年，连住在附近的居民都不知道厂子的具体位置。“记得我第一次来到这儿时，它还是一片狼藉的荒芜之地，附近村民把这个老乐器厂作为养鸡场在用。”搪瓷杯、收发室里的老式锅炉、繁体字印刷的纸箱、堆放乐器的仓库、仓库内写着

的“百花牌小提琴”的纸盒子、多已损坏的乐器、空旷的厂房、充满岁月感的工业情怀和人文气息……乐器厂在50余年艺术之声的岁月中，依旧保存着“上世纪的艺术风貌”。正是这厚重的文化底蕴和清新的艺术氛围吸引了丙火创意的掌门人余炳，2013年，丙火创意产业机构投资5000万元，重修规划成都乐器厂，凤凰涅槃，梵木艺术馆在此诞生。

创意玩家

如今，梵木艺术馆已成为成都乃至国内众多艺术家、创意人的聚集区。2013年5月在此举办的第三届（成都）纵目摄影双年展，展出了28位当代中国优秀青年摄影师的作品。2014年3月，“成都·时间”影像展；2014年4月，著名成都摄影家齐鸿的摄影作品展《着色·城逝》；2014年5月，“2014成都创意设计周”新闻发布会……毫无疑问，梵木是生产创意的基地。余炳说“他们在这里办展览、做交流，通过展览馆、综合艺术厅、艺术沙龙咖啡馆及摄影创作中心，实现休闲、艺术、创意等方面的跨界交流，让这儿成为回归艺术的精神家园。”

创意急不来，余炳同样是经过多年的摸索才在创意产业发展道路上逐渐形成了自我风格。2008年，余炳创立了创意家居工厂——老巢工坊，“中国人对木头都有一种天生的亲近吧，木文明很大程度也代表了东方文明，我家乡云南那边有很大片的生态森林，我自己有能力后又喜欢收藏木头，全国各地都走了几遍，仅老巢厂里就储备了上千方的名贵木头。”加上余炳对建筑、家居设计的热爱，以及对中国传统榫卯工艺和现代简约设计的热衷，丙火开始用一种全新的角度切入创意产业的发展中，打破文化界限，将精湛的“技”与现代审美的“艺”相结合，把创意性的设计工艺与现代时尚元素融入木头之中。

余炳在业内被称为“创意玩家”。他笑称这个称谓十分贴切，觉得玩家这个略带戏谑的称谓道出了自己的心声，因为玩创意的过程总会让他发现更多的可能。“只有让自己先成为了玩家，才有可能最终成为专家。”余炳常鼓励他的团队设计师要热爱自己的生活并一直保持好奇心和探索欲，因为创意设计应该是一个快乐和分享的过程，“玩”则是一种最好的快乐和分享。若是不热衷或者不喜欢一件事物，是不可能把它做到最好的。而且“玩”，也是一种很放松很正面的心态，这样把心打开了，视野自然就开拓了，出来的作品自然也就创意闪耀了。

余炳也认为，创意产业是一门将艺术和商业完美融合的新兴产业，艺术不能只限于树立在高高的神坛上顾影自怜，自己跟自己玩，它需要一个出口，一种体现自己商业价值和设计者感情诉求的载体，于是文化创意产业应运而生。所以，创意就是要跨界，有能力就可以玩大的，有想法就可以玩有趣的，有漏洞就只玩局部的，不要给自己一个框子封闭起来。余炳一直在进行新领域的新探索，将创意产品开发与跨界合作：除了基于木头的创意家居产品的研发和是基于App Store 平台的应用开发外，丙火还和湖南电广传媒一起投拍电影《夜店》的续集。

无上清净

只有创意还不够，还得建个创意基地。梵木的名字其实来源于老巢工坊旗下的高端创意家私品牌——梵木，它用一种全新的方式诠释木头。余炳认为，传统的家居设计有不可摒弃的精神，但我们需要将这种精神，通过各种新鲜元素和概念注入

到木头的生命中，塑造一种经过岁月沉淀后的“无上清静”，以简约的姿态表现，化繁为简，让木头与使用者从器物线条到精髓上，都能达到完美的契合与交融。

梵木艺术馆秉承“无上清净”的创意设计理念，已与一批国内知名艺术家及四川大学艺术学院、四川音乐学院成都美术学院、西南民族大学美术学院、四川师范大学美术学院、成都大学美术学院、中国美术学院达成合作协议。本土知名艺术家长年入驻，并与高等学府合作，通过艺术创作为整个平台提供创意研发点，同时以各种形式的艺术活动和展现方式，推广创新艺术品、艺术形式，将本土艺术国际化。

场馆内还有西部首家3D打印设计体验中心，来这里的人既可以感受一件物品从创意到设计，最后到成品的过程，还可以自己创意、设计、制造。此外，梵木艺术馆提供安静的创作空间，每年会有超过20位全国知名艺术家不定期来此悉心创作，形成许许多多与生活相关的独特创意。

余炳说，“在过去的二三十年里，‘科学技术是第一生产力’，那么这个时代‘创意’无疑将成为‘第二生产力’，在国际创意产业蓬勃发展的大背景下，中国的创意产业已成为中国重要新兴产业之一，也是中国转变经济发展方式的重要内容，发挥着对其他产业强大的带动作用。”他这些年一直不断地打开自我，去尝试、摸索，有时候玩大一点，有时候玩小一点，总之就是一直努力往前走不轻易退缩，因为文化创意产业的“掘金时代”即将到来。

下一步，余炳和他的梵木还会玩什么？

宽窄巷子里的创意味

《新周刊》曾用“气味”来形容城市：“北京有一股沙土味，上海有一种世故的水汽味，杭州透着干净的女孩的味道，乌鲁木齐是烤羊肉的味道，巴黎有咖啡味，伦敦也有一股水汽味，但又没有巴黎和上海那么陈腐……”

那么成都是什么味呢？一时间很难找到个能全面概括的字眼，这大抵是缘于这座城市的丰富性。作为城市，成都在现代中不失传统。生活风味、情调、节奏、样态无一不夹杂着传统的因子。它的川菜、川剧、茶楼又无一不闪烁着草根文化，它的悠闲、绵软、优雅，又传递出另一种市井文化。地域、历史文化和顽强的本土生活立场，使“创意，最成都”，名副其实。当然，宽窄巷子，一个最创意的地标，是一个值得慢慢品味的地方。

创意成都味

越来越多的人，开始融入成都，越了解越着迷。如果硬要给成都定个基调的话，那么“创意成都”最贴切不过。从某种程度上说，宽窄巷子是成都往昔历史的缩影，一个记忆深处的符号。当游人伴着夕阳，望着炊烟，走在黄昏中的巷子里，各种久违的老城区市民化生活的场景一一浮现在眼前。老人在老茶馆门口安详地喝茶摆龙门阵，猫懒懒地盘在脚下打盹儿，狗儿在街巷里晃悠，梧桐树投下斑驳的影子，院落里的树上挂着一对欢跃的画眉……

宽窄巷子就是文人最喜欢泡的地方，或在高大的法国梧桐树下，谈古论今；或感触建筑，与百年时空默契神交；或屏气凝神，欣赏庭院深深的艺术。当然，这也并非只是小资文人的专利，宽是理性的，窄是美的。成都诗人柏桦曾经写过一首诗《在清朝》：安闲和理想越来越深/牛羊无事，百姓下棋/科举也大公无私/货币两地不同有时还用谷物兑换/茶叶、丝、瓷器/在清朝/山水画臻于完美/纸张泛滥，风筝遍地/灯笼得了要领一座座庙宇向南/财富似乎过分/在清朝/诗人不事营生、爱面子/饮酒落花，风和日丽/池塘的水很肥/二只鸭子迎风游泳/风马牛不相及……

Ding's Coffee
Ding's Coffee
Ding's Co

诗虽写的清朝，神韵实则在成都。因为诗中的中国式古典情怀就是成都的精神气韵所在。这样的一个成都，悠久而丰富，诗意而醇厚，自然是不能像吃快餐一般被潦草地灌入腹中，它需要小心地、慢慢地品尝和欣赏。

热情、率直的成都人的性格成了和谐包容的为人程式；沿袭下来的历史文化积淀凝聚成了务实创新的工作模式；在成都工作或者生活，便成为追求卓越而不失乐趣的事情……顺应自然，享受生活，敢于创造，不管处于什么样的处境，以平和心态寻找生活的淡然与幸福，这就是成都的平衡生活。

所以，成都用创意，成就了一个魅力城市，成都同样用慢，催生了独有的创意生活。细雨飘，清风摇，一杯淡酒话逍遥；栀子香，蛙声叫，古街小巷回眸笑……饮酒落花，风和日丽，成都的慢，意味着一种“宠辱不惊，闲看庭前花开花落；去留无意，漫随天外云卷云舒”的韵味。

文化飘小巷

细心的人会发现，宽窄巷子里的人是创意的成功者：无论是八旗时代的达官贵

人，还是近代现代当代的文化名流，都在宽窄巷子里留下了奋斗的足迹，绘制出成功的绚烂。这里的空气中，曾经响彻过千古名琴雷氏琴最后的绝响；这里的地面上，曾经印有一代画坛宗师徐悲鸿的足印；这里居住过民国时期巨丰银行行长张采秦、川西电台台长陈希和；三毛、余华曾经在这里相视而笑；陈逸飞曾经在这里走过；龙应台抚摩过这里的某一片叶子；诗人翟永明、石光华，不仅带来奋斗的韧性，还迎来了创意的事业。

宽窄巷子里的商家是创意的成功者：泸州老窖酒文化展示中心、法国大餐、B52酒吧、星巴克……这些商家无不把商业性与文化特色最佳地结合，并彰显出非常鲜明的文化特色，汇聚了民俗体验、文化餐饮、特色茶楼、宅院酒店、娱乐休闲、艺术策展等业态，构建了成都最为成功和集中的文化商业聚落。

喜欢以“把盏兄弟喝美酒，怀抱美人睡懒觉”作为生活写照的诗人石光华，在这里开设了“上席”。天井内别出心裁地以横七竖八散落着的泡菜坛子做夜灯，入夜散发闲适的光。每逢花季，泡桐树的紫色小花肆意飘落，叫人叹为观止。虽有上千平米的经营面积，却只设有10个包间，包间名字取自《周易》。在石光华看来，餐饮强调翻台，慢菜则需要很长时间来做，只有配菜制才能出现真正的慢菜。唯有慢菜，才是菜肴文化的回归，注重的是一盏一碟之间的智慧、文化和技艺。这就如同川菜中著名的开水白菜，至简的材料，至繁的步骤，至醇的口味。

“变脸”咖啡店

在窄巷子Z18院有个叫“My Coffee”的咖啡馆，这里体现着设计与咖啡文化的完美结合。老板高文安是一个充满着传奇色彩的人物，他出生于上海，6岁时随家人至香港，读完中学后便到澳洲留学，最后在墨尔本大学以一级荣誉毕业，并获建筑系学士之设计优异奖及Picton Hopkins Prize。建筑师出身却转行做设计，生活作息西化的同时却又偏恋执着中国古文化。他的设计总是令人惊叹，例如在休息室或露天位置摆放浴缸，一边浸浴一边远望天际；甚至在花园设置洗手间，或在游泳池上架空搭建小屋……用他自己的话说：“我虽然勤劳和节俭，但是我懂得享受生活！没有风格就是我的风格！”

53岁那年，他发行了自己的全裸出镜的写真集《At His Peak》引起业内舆论台风，虽无露点但也足够令人瞠目，硬生生地把一代设计大师从学术神坛上拉了下来，走入民间视野。在近30年的设计生涯中，高文安设计了2000多个室内设计项目，被誉为“香港室内设计之父”。

据说，当年他亲自走访宽窄巷子之后，即被其纯朴古风所震撼，并深深感受到它与高文安文化不谋而合，进而决定将“My Coffee”开在这里。如果说主题式餐饮都是形式大于内容，那实属误解。“My Coffee”有两层，与其说它是个咖啡馆，不如说更像一个偌大的设计陈列室。

这里一件件凝聚着设计心血的艺术摆件和家具，使咖啡馆内处处散发着文化的气息。开阔的空间里，原木的凳子和长条桌子，巨大的书架上摆满了各种设计书籍，在这里竟然还能找到原版《2007年雪茄年鉴》。屋子里放置了一架有500年历史的老钢琴，新华书店在此设立了艺术书吧……咖啡馆的员工中有些是菲律宾人，他们性格开朗，喜欢唱歌，不时友善地和顾客搭话，顾客不多的时候就闲坐聊天甚至低声唱歌。

用高文安的话说，“永远比别人多走一步。”在他的店里设有一个情景墙，每个月会换一个摆件，感觉就像电影里变换的场景一样，每个月换一次。客人在不同的月份进来可以感受到不同的文化与历史。比如说这个月的主题是“印度”，那么咖啡馆里必然是弥漫着神秘气息的印度风景。咖啡馆内的圆形金属网椅旁边有一堵满是精致传统印度雕花的木门，岁月的洗礼为这堵木门更添了斑驳的色彩，沧桑的韵味使得它不乏厚重，让人不禁遐想，它是否曾经为印度某个富商所拥有，并见证了无数人生的悲欢离合。据说它是在印度的一家古董店里被高文安一眼相中，楞是不惜重金把沉重的它越洋搬了回来。当然它只是“My Coffee”里众多“秘密武器”之一。

白夜诗香飞

众所周知的还有女诗人翟永明的“白夜”，那是一个以文化为核心的酒吧，在圈内小有名气，不少外地人到了成都，如果热爱文学的话，多半会慕名而去。开在宽窄巷子里的白夜是一个老院落，老院落保留了民国时期的四柱三山式西洋门头，院内有一垛清代老墙，其中夹杂汉代残瓦。

深宅大院的墙上挂满了红灯笼，仿佛回到了古代，若隐若现的光影，让周遭的氛围显得有点暧昧。平和宁静的传统格调中，隐约可以听到灵动的诗意，当然这种感觉跟翟永明、李亚伟等诗人多少撇不开关系。

这个女诗人兼老板，是一个很随和、很本色、无半点造作的人。熟悉她的成都诗人都说她是一个私人化的、将时尚跟诗意结合的、举手投足间将妩媚尽展的女子。因为翟永明是一个爱诗的女人，是诗歌给予了她优雅和闲适，让她在成都这块土地上真实而诗意地生活着。艺术的最高境界就是自由表达，作为女诗人，生活中她也能像一个酒吧一样自由表达自己。

翟永明曾对媒体说：“我们都是文人，不是经验丰富的商人，对于经营是否成功不敢说，但希望我们在气质上打造这样一个成都新的文化坐标。”于是她把诗歌字里行间的创意搬进了店，在白夜酒吧曾举办的白夜诗会的老照片悬挂在墙上，还有一面墙是是翟永明亲自设计，从老旧的照片到最早在诗歌报上发表的诗歌作品，再到20年前她和诗友的通信手稿，1980年代的油印诗歌刊物，错落地拼凑在一起，作为白夜酒吧文化气质的传承，成为白夜酒吧的象征。

走进院子，客人会惊喜地发现里面有两棵漂亮的枇杷树，枝繁叶茂，生气盎然。说是酒吧，却更像是个艺术集散地，内堂中有著名艺术家何多苓的素描和帅进滇的作品《云》。在白夜，除了吃喝之外，还能分享到视觉、诗歌、电影类先锋展览和讲座，仿佛四周都弥漫着一种商业时代罕见的文人气。

通常情况下，白夜里面常常高朋满座，光线暧昧中夹杂着时尚、另类、艺术……光怪陆离。这里的活动颇有创意，也多得惊人：中英诗歌沙龙成都站，白夜艺廊女艺术家九人展，中美诗人交流吟诵会——旧金山VS成都，本土中的世界——中、斯诗人方言诗交流项目，诗人蔡天新白夜书友会，文心乐境画意——诗、散文、音乐专场吟诵会暨白夜艺廊开业九人展，走近艺术家——白夜艺廊开业暨艺术家九人展，素歌——翟永明新诗集发布会暨专场朗诵会，情人节爱情诗歌主题活动，白夜北美实验电影展映……酒吧充满浓厚的人文气息，翟永明还把自己那首《在古代》镌在了入门廊道的黑砖石上："在古代，我们并不这样；我们只是并肩策马，走几十里地；当耳环叮当作响，你微微一笑；低头间，我们又走了几十里地。"

此外，耐人寻味的店名总会让人眼前一亮，宽度、子非、花间、宽坐、可居、碎蝶、水绘、点醉……名号不同，所经营的内容也各不相同。大凡你能想到的，这里几乎都能找到；你想不到的，这里也能找到。

老年人在这里觉得怀旧，年轻人在这里觉得时尚，外国人在这里觉得很中国，中国人在这里觉得很洋气。人们偏爱宽窄巷子，原因无他，仅是这里的小店会讲故事，讲无数创意故事。

明堂：创意出名堂

明堂是什么？是唐代洛阳城里的宫城正殿，是中医典故里的人体经脉穴位，还是风水学中地气聚合之处。在成都这个古老又充满活力的城市中，也有一个“明堂”。如果说宽窄巷子承载着大部分人对传统文化的记忆，那么明堂则是为一部分最具创意的文化人而诞生。

创意人集结地

少城的深处，有两栋掩藏在高大法国梧桐树下的苏式建筑，这便是明堂青年文化创意中心的所在地，也是创意文化的聚合地。

创意是艺术，同时也是产业，明堂的诞生也基于此。明堂是为一部分最具创意的文化人而存在，为从事创意工作的人才提供一个聚集交流的“安乐窝”和“孵化园”。在这幢红砖的小楼里，已经聚集了30多个文化创意团队，其中五分之一有国际背景，明堂已经成为了名副其实的“创意人集结地”。

对于明堂青年文化创意中心的负责人于侃来说，每天最重要的工作就是在明堂青年文化创意中心楼下的nu纽咖啡厅和各种来路的创意人一起切磋交流，将具备发展潜能的创意团队招入创意中心，一起实现创业梦。于侃认为，文化和创意运营者需要具备的素质就像古玩鉴赏者，需要具备一定的眼光和行业经验。但对于许多初创者来说，这刚好是他们欠缺的。因此凝聚大家在一起，本身就是一个取长补短互相学习交流的机会，甚至这个平台本身就是一个很好的创意。

在于侃的努力下，不到一年时间，明堂青年文化创意中心就成了成都年轻创意者们互相了解的平台。大家之所以愿意来这里，主要是这里的气氛和谐轻松。每天傍晚，很多创意人都会聚集在这里，聊到深夜，座无虚席。

明堂里的团队无疑是创意的成功者，他们在小小的地方捣弄出了大名堂。摄影、电影、音乐、木匠工棚、文化传播公司、设计公司、红酒庄等，这些团队无一不把创意与生活相互结合，显示出非常鲜明的特色符号。在明堂里面，美食和葡萄酒工作室做成私房、文艺的风格，而大厅是以咖啡和个体创意园的形式存在。每一个小小的空间就是一个团队的道场，每一个道场都有自己的文化影响力。

29岁的梁东来在这里创立了东来摄影，之前他在网上开了一家摄影器材商店，不知不觉就成了“专业咨询师”。但他发现虽然成都喜欢摄影的人很多，但大家都各玩各的，缺少交流的平台，于是他辞掉设计院的工作，开起这间工作室，目的就是为了让喜欢摄影的人有一个聊摄影的地方。现在已经有不少摄影爱好者慕名而来。

创意工作区一楼，一间摆满木制品的小店格外惹眼，桌椅、柜子、木马、木罐和切好的木条随意摆放，店主贾磊站在中央打量着满屋的“宝贝”，似乎对自己的作品颇为满意。除了这些木制品，这间手作工棚本身也是贾磊的作品，“装修、货架和价签，全部都是我用木头做的，而且不上油漆，保持木头原来的色泽和纹理。”贾磊说。

创意街区先行者

几年前，在成都一所高校当教师的贾磊和妻子到泰国旅游，两人在一个小乡村里迷了路，一不小心闯进一家木工坊，“他们做一些罐子类的日用品，东西都很简单，但非常漂亮。”回国后，贾磊开始上网琢磨木匠活儿，“慢慢就爱上了木工活儿。”2014年春节前，贾磊在明堂创意工作区对面一家饭馆吃饭，发现街对面有一家空着的铺面，一直想要开家工作室的他决定碰碰运气，最终进驻创意工作区。“这个摇摇木马是我们这里的明星产品。”贾磊说，它下面的底座是用红木做的，上面的木马用柚木雕刻。在这间工作室里，小到木勺、首饰，大到桌椅、柜子，各种木制商品应有尽有。“卖得还不错。”不过，贾磊更希望顾客能够亲自加入，和自己一起体会做木活儿的乐趣。

nu纽咖啡是明堂创意工作区自己的咖啡店。店里到处张贴着一杯美式咖啡20元，而且可以无限续杯的大海报。店里有免费WIFI供客人使用，经营的方式也是半自助式的。店外的空地上，还摆着几张小圆桌。咖啡厅门口，落地玻璃窗上

贴满了活动海报，电影工作室的试镜通知、东来摄影的宣传画……只要是与工作区里的公司或工作室相关的海报都可以免费张贴。 nu纽咖啡厅有两个功能：一个是明堂园区的交流空间，另一个功能是以咖啡的形式来对话。创意人聚在一起，尽展各自的原创类产品，桌子上面都摆有电脑，凝聚着各种团队。用于侃的话来讲，做创意的人大多喜欢这样的氛围，就如巴黎左岸的哲学家、艺术家正是在这样的氛围里寻找到了“创”的感觉。

明堂所在的少城区域是众多成都文化人、创意人的安乐窝，深厚的文化底蕴和少城市井韵味成就了这里的文化吸引力。来自大江南北的青年艺术家们，在这里用自己的方式来实现心目中的艺术乌托邦，创意园区设立在这里，也注定了它将与这片土地已有的一切共生，包括这里的街坊邻居。明堂只是作为这片创意街区的先行者，在发展的路上还将面临学术与市场、文化与商业等诸多的考验，但它前进的每一步都为少城增加文创气质及文化造势，让全国各地乃至世界各地的各类文创团队认可“少城创意街区”在文创产业方面的发展土壤，最终实现做中国最好的文化创意街区这一最初的理想和目标。

东郊记忆：工业与创意的拥抱

太阳从三根高高的烟囱顶上探出头，东郊记忆这座承载了60年工业文明辉煌历史的园区迎来了一个平凡的早晨。浓缩了成都16.4平方公里工业区文化历史缩影的东郊记忆在原国营红光电子管厂（编号773）旧址上改建而来，位于成都市东二环外侧，占地205亩，建筑面积约19万平方米。

静：历史里走出的工业记忆

逛东郊记忆，不能缺少的是一台相机，随处可寻的风格小景绝对谋杀你的菲林。一进西大门，地面上镶嵌着16块金属的水泥地就足以吸引你的眼球，这些金属

正是由侧面的龙头刨床所制作出来的生产模具。模具被嵌入地面成为了装饰，龙头刨床则压上玻板变身签到台。有别于国内其他文化园区偏好现代艺术品作为公共空间装置艺术，东郊记忆提取成都老东郊工业产品作为景观设计元素，体现了成都人在现代文明社会的文化自信。

老锅炉罐体切割改建的喷水池旁，是建于1990年的红光厂废水研磨处理站，现在则是园区的游客中心。双燕牌冰箱、敦煌牌缝纫机，还有桌上摆放的成都牌电视、搪瓷茶盅等由成都东郊各工厂生产出来的产品打造出了一个1980年代普通家庭的室内陈设场景。票证时代的“粮票”、“布票”、“工业券”，还有1990年代初家家户户普及起来的大脑袋电视机，这些现在看来普通得不能再普通的物件，在那个物资匮乏的年代却是每个家庭追求的幸福生活的标志。

穿过廊桥，眼前出现一条宽大的红砖路。这条原厂区的主干道现在成为了东郊记忆里最火热的商业街——中央大道。两侧加建的盒体与建筑本身联通，一来缩小了街道尺寸，聚拢了人气，二来成为了这条特色街区上最独特的风景。“盒子”的不同代表着店内经营的业态差别，在老东郊工业文明的外壳包装下，融合包括了原创设计师品牌、艺术周边产品、古着买手店、文艺书店等，形成了独特的特色情景消费街区。2013年，东郊记忆还被评为了“国家AAAA级旅游景区”，成为成都城市休闲消费街区和城市旅游目的地。

中央大道两侧的动力管廊架，也就是过去用于运输生产气体、液体的管道，在经过防腐处理、增设彩灯与玻璃板后成为了园区内的“风雨长廊”。来东郊记忆的时候正值夏日，廊架上的喷雾装置正慢悠悠地喷洒水雾，模拟出老工厂蒸汽泄漏的情景，更给硬朗的工业气息增添了不少迷人的色彩。

在东郊记忆要感受最为浓厚的工业元素，一定不可以错过酒吧工厂区。成都城区内唯一保留的三根烟囱直至天顶，是不少游客必到的拍照地点，经过新年装点裹上红布，它们又成为了世界上最高的新年蜡烛。紧挨着烟囱的老厂区物料场，以前每天都有上百吨的原材料被源源不断地输送到这里。编号1519的红色蒸汽式火车头静静地停在这里，仿佛回到了那个机车轰鸣的岁月。

锦江电机厂生产的我国第一部B43测高雷达，成都飞机制造厂自行设计和制造的歼5教练机，坐在卸料的巨大漏斗下喝啤酒，在工业厂房内看LIVE演出，废弃的玻锥变身成为艺术墙。在东郊记忆，这些停止了运作的机械，原本属于老东郊的工业用品、明星产品经过改造成为了不可磨灭的工业记忆。

中央大道两旁高大的苏式建筑如同苏联歌曲、电影一样，充满了革命的浪漫。东郊记忆的建筑类型包含了20世纪50年代苏联援建的办公楼，20世纪90年代初修建的红砖厂房，高大的桉树和梧桐的枝繁叶茂构成了东郊记忆独特的工业风格。

这座按照莫斯科灯泡厂图纸修建起来的红光厂，与成都传统川西民居对比鲜明。平面规矩、中轴对称、主楼高耸俏丽、回廊宽缓伸展，苏式建筑典型的大屋顶、长跨度让它天生适合作为各类文化展演活动空间。东郊记忆打造出18个风格各异、用途不一的特色场馆，形成了国内首屈一指的中小型展演聚落。

整体建筑面积约1万平米的演艺中心，长72米，宽30米，高约19米，是由原显像管装配厂房改建而来，完美诠释了苏式建筑的典型特点。经过改造，这间旧厂房现在是成都最高规格的中型场馆，承接明星演唱会、歌舞剧、话剧以及新品发布会等演播任务。原红光厂的半成品堆放场，参照威尼斯圣马可广场修建了地上部分，取名“成都舞台”。

西南地区第一个无台口的实验小剧场、成都市主城区内最好的IMAX影院、只有24间风格不一房间的设计酒店、堪称“中国银行业发展小型博物馆”的中国银行展示店，都依托着苏式建筑的独特工业风格在东郊记忆做大做强。

1810啤酒馆
Oktoberfest
2012

动：耍法中重逢的创意成都

2014年7月，成都国际友城青年音乐周票务信息刚刚在东郊记忆微信上发出，就有超过上千人参与到活动中。一万张门票兑换码在三天时间内被迅速抢光，以赴去年音乐周定下的一年之约。耍东郊记忆，有的人只需要半天，有的人则花上一年。

成都是一个“耍都”，不论刮风下雨或是腊月三伏，各大景点都挤满了如织的游客。单单就东郊记忆，每年超过800场各类文化活动纷繁上演，成都人在“耍”法上绝对比北上广更加丰富。刚刚结束了2014成都国际友城青年音乐周，东郊记忆国际戏剧季又将接档上演，10月份的腾讯全国网友狂欢节也已经提上了日程。更不提常态的明星新歌发布会、商家小型音乐会，在这里，活动像是被排在冲压机床上的玻壳，从未间断。在与周边地区和成都市民的互动参与中，东郊记忆将成都的休闲文化浓缩成一个“耍”字。

成都另一个闻名世界的是“美食”，从未见过哪个文化创意园区内专为餐饮设立一块区域，东郊记忆整整一条街的美食餐饮，让“吃货”们也欲罢不能。“香天下”和“大妙”两家火锅店并排开在一起，风格不同的两个门脸里飘散出一样的香

辣滋味；“拾得雨林”的西式餐点更新了画风清新的餐牌，斜对门的“蓉锦一号”则贴出了特色菜品香辣蟹的海报……在这里，让你品尝到滋味不同的成都生活。

在工厂家属院住过的人不会忘记每天喇叭里放着音乐的时候，捧一只大搪瓷碗穿过宽阔的厂区道路去食堂打饭的日子。东郊食堂利用原来生产显像管的辅助车间，按照厂区食堂风格进行了内部的装饰，成为了东郊记忆里一家风格独特的川菜馆。隔壁的食画小院是一家花园餐厅，这栋由小火砖砌成的老建筑建于1960年，是以前红光厂厂区的规划楼。墙面上还有明显的加固痕迹，在老建筑安全性得到提升的同时，也透露出浓浓的工业特色。

成都以它的“休闲”享誉全国，成都舞台也是园区游客最为集中的一个区域。在这里，你可以看到有很多休闲小酒吧、咖啡吧、书吧等等，老茶馆里的“盖碗茶”

NEW EAST
BIG idea

在这里被各种各样的花式咖啡、特色果茶、清凉饮品所代替。逛累了园区，玩累了活动，找一家个性十足的小店坐下，看着落地窗前人来人往，时间都跟着慢下来了。

这里的每一家小店都有专属于自己的风格。一家叫作“无聊书吧”的店，只是为了让你在喧嚣之余能找个地方安静下来。在书吧里，你就算看一本《毛衣编织大全》，或是看《老子》、《孔子》都无所谓，只要你找到一个属于自己的位置，很放松，很快乐，就好。

在数字化音乐时代，一家专做唱片的店子显得有点格格不入却又别致经典。“音乐之声”布置得古朴而温馨，你可以试听里面任何一张唱片，还可以坐下来免费喝一杯茶水。从你走进店内的那一刻，你就会发现：除了流行音乐之外，还有很优美的轻音乐、很严肃的古典音乐。成都人最懂得享受生活，东郊记忆则替成都人思考如何休闲人生。

在东郊记忆逛一圈下来，又回到西大门。“星光墙”上明星们的铜铸手模已经被来往的游客摸得锃亮，夕阳西下，整个园区都染上了一种暖红的色调。老东郊的工业遗存与新成都的创意文化，两条似乎不会相交的平行线在这里重逢，以一种沉静的姿态讲述着东郊记忆的故事。

红星路35号：办创意的大PARTY

在文化创意还没有那么热门的时候，成都红星路35号，像所有计划经济时代的建筑产物一样，就只是一座普通框架结构的建筑物——成都军区印刷厂，后来几经转变，做过政府的办公空间和旅馆，行人经过它，不会留下丝毫记忆。这时的红星路35号像个穿一身灰土布衣服、守规矩、对什么都没有意见、埋头抽烟的木讷之人。

让建筑说话，让空间说话

2012年8月27日，在成都市政府的支持下，西南地区首家以广告与传媒等上下游产业相融合的产业链式特色聚集园区——成都红星路35号广告创意产业园区——挂牌。这次的改建，不是简单的化妆、换装工程，它更像是一次大的创意整形手术：让建筑说话，让空间说话，让城市说话。它以老的印务工厂为建筑原型，在外观风格上继承了军印厂硬朗的工业气息，并通过德国MV建筑设计事务所打造设计方案。在改造的过程中运用“空间折点”的理念进行外观改造，采用以三角体为延展点让整体建筑浑厚且不拘一格，完成了传统工业形态与创意设计的相互融合。

对于红星路35号，我们可能不能用平常熟悉的办公楼、商场等业态来定义它，它是由许多进行了特殊排列组合的小房子立体组成的文化创意场所，是极具个性化的城市建筑空间。在视觉上甚至是精神上，它都将给这座城市、居住在城市的居民和观光者带来不可预期的力量。35号的设计者希望：“当创意产业没落的那天，这里能是未来的生活禅。”

工作+生活=设计家，生产+生活=视觉艺术家，展示+生活=表演艺术家，交流+生活=策划家，商业+生活=个性商家，娱乐+生活=玩家，休闲+生活=梦想家……现代以创意人群为主题的城市建筑也不应该只是居住的机器，还要从“更高境界生活的容器”上升到“生命的乐器”。这个“乐器”将混合广告人、艺术家、策划人、时尚先锋等各路人马，成为新的集居住、创作、生活等复杂功能于一身的“变形金刚”。

城市之上，运营成广

如今，红星路35号升级更新为成都广告产业园，“城市之上，运营成广”是他们的新理念。广告产业园以35号为核心，涵盖锦江区范围内“红星路广告传媒出版走廊”、“锦江创意商务区广告产业园”和“成都东村广告产业园”等点位，建立了“一廊两园”、“一园多点”的空间和产业功能布局，形成了“创意广告基地”、“数字广告基地”和“传媒广告基地”。园内已经搭建广告创新研发中心、广告交易中心、云计算服务中心、3D打印创意体验中心、成都广告研究院、广告企业孵化器等公共服务平台。

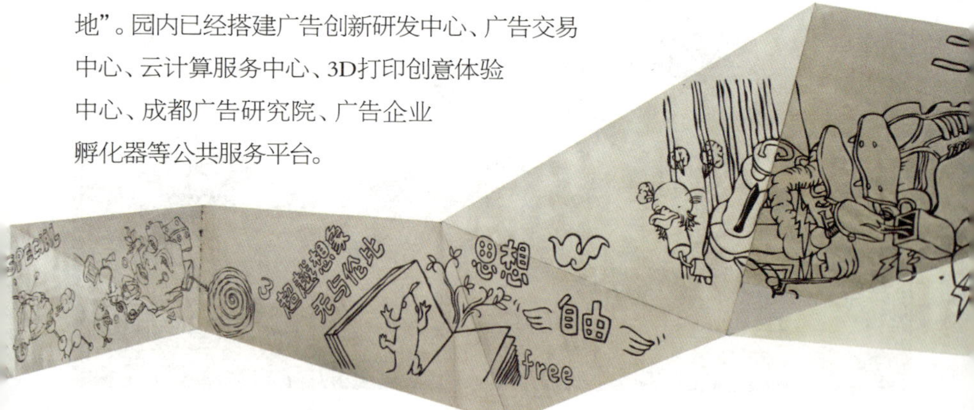

看看广告产业园区的住户吧。截至2013年底，入驻园区的广告类企业已达到267家。园区内有4A广告企业华道佳、中国一级广告企业大贺传媒股份有限公司、中国第一家数字出版云服务园区连锁企业中启创新科技公司等大中型广告企业。初步形成了以世纪义商、纵横天下、全动科技为代表的数字新媒体集群；以博瑞广告、华希广告、华道佳、大贺传媒、大智成广等为代表的高端广告企业集群；以洛可可、丙火创意、嘉兰图等为代表的创意设计企业集群，以四川日报报业集团和成都传媒集团等为代表的传媒企业集群。打造出了一条以广告创意设计与传媒印务、网络数字、电子出版及广告交易等上下游产业相聚合的产业链。

除了有机会和这些响当当的广告公司做邻居，成都广告产业园还有一系列优惠政策来吸引广告新势力的入驻：新引进企业的专项优惠政策和促进广告企业发展的相关扶持政策。比如对园区内新注册登记的广告企业，免收工商登记费；对新入驻到园内的重点广告企业，经园区推进办确认，可享受一次性开办补助；对新引进园区内的重点广告企业，结合企业对地方的经济贡献度，经园区推进办确认，可对企业高管或骨干人员交纳的个人所得税给予奖励；在锦江区纳税的广告客户与园区内重点广告企业签订广告业务合同，并在锦江区内举办大型广告发布、品牌推广活动、经园区推进办确认，可给予2~5万元的经费补助。对围绕锦江区“1+4”主导产业开展品牌推广活动的，经园区推进办确认，可视其规模和影响力，对活动举办方，给予5~10万元品牌推广补助……

2013年广告交易推介会，2013“Redstar Cup”成都公益广告创意设计大赛，2013“FUN成都”游戏动漫节“CHINA JOY COSPLAY嘉年华”西南赛区，“创意改变城市”论坛……以“红星路35号”为核心的成都广告产业园，所有的活动都围绕创意。这个园区既是起点，也是焦点，于起合之间，汇聚无限创意能量。

始于城市的根芽，生创意的思想，于城市之上……如今的红星路35号早已不是粗布灰衣埋头抽烟的老汉，他脱胎换骨，烫了卷发，换上了时尚朋克的牛仔裤皮夹克，身上刺着“创意改变生活”的文身，唱着崔健的红色摇滚，并且以自己的家为据点，召集了一大帮志同道合的朋友，建起了理想的根据地，看着他们每天乐呵乐呵地办创意PARTY，你已经完全想不起他之前的样子了。

贝森·西村：做创意的推动者

写过很多次西村，仍觉得不了解这里。这个聚落像个神秘的村子，从村长到村子里的每一户村民看似和文化创意没有直接关系，但每天都在冒各种创意想法，每天都在生产加工大量的创意东西出来。如果隔了几天不去，几乎就跟不上他们的脚步：贝森·西村大院可能又有新的玩家入驻了，创意市集又开始新的一季了，又办了一场画展，几个大咖又在咖啡厅大聊特聊建筑了，又整了一出创意复古PARTY……

处处都有创意

总之，在成都，认识西村是件非常有趣且幸福的事情。365天，他们会捯饬各种新奇的玩意儿和活动给大家，而且从不把自己束之艺术和创意的高阁，也从不因为自己是从事艺术创意产业的机构而俯视任何一个不懂艺术但对其有兴趣的人，他们一直倡导"艺术的平民化"，带着普通人一起玩创意。在西村的创意市集，我看到过扫地的阿姨去各个摊铺上给自己选一枚发夹；在艺术空间的画展上，我也看到过写字楼里的普通职员在中午休息的时间去看一场画展；他们做过王澍、刘家琨、张永和、崔恺、汤桦的建筑学术丛书，在国内建筑界非常有影响力；也做了多年"西南地区高等院校毕业生艺术作品联展"，给刚出道没有平台的艺术生支持；他们办过最新潮的艺术杂志，也办各种有趣的创意手作沙龙，教喜欢手工的朋友做皮具……西村旗下的每一个文创机构都代表西村，但似乎也不能完全代表西村。西村到底是干吗的？

成都西村，也叫“西村创意产业园”，是一个“以文化创意产业为主体、以现代服务业为核心”的文化艺术及创意产业集中发展园区，这是西村自己的官方介绍。谈西村的创意历程其实非常简单，把贝森的历程一一罗列，每一条、每一年都走在创意的路上，未曾偏离。1991年，贝森集团成立于成都，成立之初，主要从事地产业务，承担了中国乡镇上千亩土地的开发任务。做地产时，他们就开始玩创意：1996年，贝森集团第一次在中国地产界推出了商品房十年分期付款的商业模式。该事件后来被评为“中国改革开放30年来100件经济生活大事”之一。1996年，贝森集团投资建设的贝森休闲运动广场正式投入使用，广场采用体育公园的模式，首次将恒温游泳馆、高尔夫练习场、壁球馆等现代体育设施引入成都，将休闲运动为主导的健康创意生活方式引入成都。

1998年，贝森集团开始将公司业务向文化、出版、教育等智力产业转型。之后的北京798艺术区中第一个文化艺术空间——贝森新文化空间都能看到他们的身影。2007年，贝森集团聚集所有资源开始筹备及建设西村，这是一个极具个性的文化创意商业社群，集各类文化、商业、艺术、创意、休闲、办公于一体。以先进的创意产业园区规划和管理、文化传播、艺术品及衍生产品的综合经营、现代服务业管理等创意产业为发展方向。

多年的播种扎根，树干坚实了，接下来，大树开枝散叶，枝枝蔓蔓迅速生长。2009年，成都成立中国第一家平价艺术市场“西村艺术空间”，由栗宪庭担任艺术总顾问。该空间填补了“中国艺术第三级市场”的空缺，为广大艺术家提供交流平台，支持青年艺术家创作与发展，同时秉承“大众能消费的艺术”理念推动艺术品进入普通人家。同年，西村小院建成，七栋双层独栋别墅组成的城市创意商业别墅群，总建筑面积约2300平方米，定位为创意市集，进驻的主要为特色餐饮，以及提供个性化产品和服务的机构。2013年，西村诗歌中心成立，旨在于人文精神逐渐消逝的时代，复兴中国的诗歌传统。

要做一个“创意城市”

目前，1号贝森·西村大院正在紧张施工，一点点揭开神秘面纱。据了解，总设计师刘家琨摈弃照搬和简单沿用，将中国传统的藻井元素创造性地融入到后现代主义的大院建筑设计中来，让建筑与环境自然融合，将传统元素用现代地手法呈现出来。大院里规划设计的藻井以方形呈矩则排列展开，极富趣味和创意性。藻井的设计，延伸了大院内部的视觉空间，让整体空间看起来更加开阔深邃。到2014年年底，包括5号写字楼和3号创意工作区（已投入使用）在内的约17万平方米的文化创意产业园区将全面投入使用。建成后，西村会着力打造一个大规模、复合型的文化创意商业项目，集复合型办公区、艺术品展览和交易空间、创意企业孵化器等为一体，园区还配套了设计酒店、图书馆、城市运动休闲等硬件设施，为创意产业从业人员和城市潮人营建一个将工作、娱乐、艺术、休闲、商业融合在一起的功能完善的创意社群。

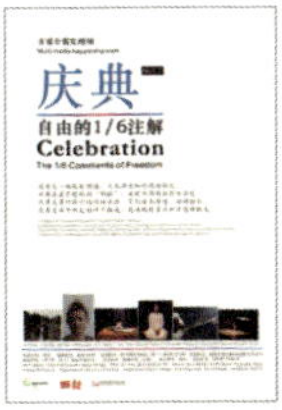

西村掌门人杜坚在一次讲座中谈论美学对西村运营的影响时曾经说过：“西村大院这个事情，包括里面种的竹子，除了记忆之外，还有批评，还有反讽，也有赞美，这个项目有很多情绪，有些情绪看上去有很多矛盾。比如说“大院”这个词在‘文革’时期，比如军区大院、省委大院，是非常意识形态的一个表征。从美学的角度讲，我觉得这是一个情绪比较丰富的，而且有些情绪比较矛盾的一个审美在里面。记忆是个非常关键的一个词。我首先有一个社会形态的理想在里面，我希望使用者、办公单位、管理单位都回归到一个村规民约这样一个原始的社会契约状态，其实我是要做一个微型城市，我有这样的理想……”

“以创意的方式经营创意产业、让创意改变生活方式”，西村始终是创意的推动者。

蜀江锦院：千丝万缕锦绣乾坤

在丝绸之国的所有织物中，锦的工艺最繁、价值最高。这一点从中国的造字法可见一斑，锦是唯一用“金”做偏旁的织物。“金帛”其价如金，故有“寸锦寸金”的说法。中国五千年悠悠历史长河孕育了四大名锦：蜀锦、云锦、宋锦、壮锦。其中，蜀锦具有两千多年的历史，堪称中国织锦第一座里程碑，以纹样细腻、精致，色彩变化丰富著称，并在唐时贞观年间（627−650年）首开文字织锦之先河，王羲之的《兰亭序》是其最杰出的代表作，被唐太宗李世明当作“异物”收入宫中。

当蜀锦织成，织锦女工便手持蜀锦，来到锦江中漂洗，正如《浪淘沙》描述的一般：“濯锦江边两岸花，春风吹浪正淘沙。女郎剪下鸳鸯锦，将向中流匹晚霞。”夕阳西下，晚霞当空，江水中的蜀锦与倒映在江水中的晚霞交织在一起，如同一幅长卷画缓缓展开。

工艺繁复 寸锦寸金

一座城市，与锦结下了千年不解之缘，而如今，锦何在？

在浣花溪畔的成都蜀锦织绣博物馆（蜀江锦院）内，一台巨大的仿古蜀锦花楼木织机前，两位蜀锦艺人的现场展示正吸引着几名外地游客的眼光。

提钦、拉线、投梭……身着唐装的手艺人坐在长6米、高5米、宽1.5米的蜀锦花楼手工木织机上，熟练地操作着，灵巧的双手不停地穿梭。一会儿便出现了“方圆绮错，极妙其穷”的花纹图案，他们默契的配合和高超的技艺，立即引来观众连声赞叹，正在进行蜀锦技艺展示的是两位省级非物质文化遗产代表性传承人贺斌与曹代武。

据他们介绍，蜀锦其价如金主要体现在制作工艺上。要完成一件作品，从程序上说，主要需经历初稿设计、定稿、点意匠、挑花结本、装机、织造等几道重要程序。每一道程序又涉及很多独特的技艺。蜀锦跟蜀绣不同，蜀绣就是在已经织好的织物上用针线绘制出图案；蜀锦是将纱在织成织物的同时织出图案，所以，蜀绣可以一人单独完成，但蜀锦在织造过程中必须要两人默契配合，一方拉花放线，一方投梭织造，每一方的时机都必须掌握得十分精准，不能有一丝分心，若一根线穿错，那所有的工序都得重来。

正因为如此，蜀锦织造的搭档一般不会变化。在花楼木织机上，只见曹师傅要将比头发丝还要细的9840根经线和9840根纬线从正确的位置用正确的力度拽出。经线不能提得太高，否则易断；不能太矮，否则梭过不去。放线要干脆，否则，许多纤线会搅在一起。在旁人眼里，这项复杂的工作几乎“不可能完成”，但对于从事蜀锦多年的艺人来说，这只是手工织造蜀锦18道工序中的一种：拽花。

同时，木织机下的贺师傅开始熟练地来回甩动着手中的梭子。投梭的技巧也十分讲究，只见贺师傅脚变换着踩竖脚竿将16面综框轮换升降，双手左右开弓投梭，跟南京云锦通经断纬不同，蜀锦是通经通纬，难度更大，其间每投一梭要用扣压纬。贺师傅告诉我们两者所用力量均非常重要。若力量过重，另一只手很难接到梭；过轻，梭过不去，会割断经线造成经线断裂。否则，成千上万根经线需要人工捞头手工打结。投160梭就能织出1厘米的图案，所以一般情况下，一天只能织7到8厘米，如果要织完一幅80厘米的蜀锦，需要投梭9680次。

“等一下，线断了。”木织机上的曹师傅听到后立即停止了放线。木织机下，在让人眼花缭乱的上万根线中，贺师傅找出几根断头来，屏气凝神地在细如发丝的丝线上打结。贺师傅告诉我们，丝线断裂的情况并不少见。在织造蜀锦时，丝线会根据天气的变化热胀冷缩，或织造时成千上万次自然摩擦产生丝线疲劳时，就会发生丝线断裂的情况。这时，就需要运用所学的打结技能将其接上。当然，拽花、投梭、接头等都只是织造时必需的一些基本技能，最难的是织工在手脚眼耳并用的情况下保持协调和对织机构造的熟悉及装造。

站在全部由木质、竹片、麻绳构成的这台木织机前，看着两位艺人的灵巧舞动，万千丝线如瀑布般随之高高低低、参差泻下，汇集成锦，艳若桃李，灿若云霞，一段倒流的时光仿佛亦由此幻化……

传承蜀锦记忆

全国非政府办博物馆尚处初级阶段，如何解决运营资金，走上健康发展的轨道，是困扰业界最突出的问题。2009年，蜀锦织绣博物馆蜀锦蜀绣制品总收入突破两千万元，为非政府办博物馆发展提供了经验。

成都蜀锦织绣博物馆（蜀江锦院）成立于2002年，其前身是拥有50多年历史的成都蜀锦厂，是全国唯一拥有全套手工蜀锦制作工艺和蜀锦历史文化展示的专业场馆。博物馆由历代蜀锦、蜀绣、服饰、纺织机具展示；锦绣制作工场；蜀锦、蜀绣工艺品、艺术品展示销售三大部分组成。是目前国内最大的蜀锦蜀绣展示、保护、研究中心及宣传窗口。

2006年，由该博物馆申报的“蜀锦织造技艺”入选首批国家非物质文化遗产名录，2009年该馆与中国丝绸博物馆联合申报“中国蚕桑丝织技艺”入选联合国人类非物质文化遗产代表作名录，这是迄今为止成都首个入选联合国非遗项目。蜀江锦院秉承中国传统的蜀锦织造技艺，奉行“保护、传承、发展”的精神，以锦绣为载体，以文化为切入点，致力于传统蜀锦、刺绣手工绝技的挖掘与创新；在历代蜀锦经典纹样的复制与研究、现代锦绣实用功能的探究与开发、蜀绣传统特色文化礼品、工艺品、收藏品的展示与经营方面均处于领先地位。蜀锦平均每年创造2000多万元的销售收入，七八百万元的利润。一个曾经濒临失传的民间技艺复活了、重生了。

“正月灯市，二月花市，三月锦市，四月蚕市……”现代化悄悄地拿走了成都的记忆，蜀江锦院以孜孜不倦的追求，执着地编织着一个喧嚣的年代中渐已远去的蜀锦记忆……

活色生香，川菜博物馆

2005年5月18日，川菜博物馆在成都市西郊一座有着三千年历史的古镇——郫县古城镇——破土动工；2007年5月18日，川菜博物馆建成，正式对外开放。为世界唯一以菜系文化为陈列内容的活态主题博物馆、国家三级博物馆、国家AAA级旅游景区，川菜博物馆是如何突破了传统的博物馆陈列形式，如何改变了游客的参观游览形式，带给游客全新的互动体验乐趣的呢？今天，我们就跟随川菜博物馆的主人汪晓芸女士，走近她，走进她的川菜博物馆……

当我们踏进掩映于绿树翠竹当中的川菜博物馆，流连于用秦砖汉瓦等古旧材料修砌而成的古式建筑，徜徉于川西民居的建筑风格和新派古典园林风光，穿梭在典藏馆清冷光辉下静静陈列的川菜古董和互动演示馆里锅勺翻飞油焰升腾的烹饪场景，在这动与静之间，这一切的一切，无不在向我们诉说着川菜的前世今生。

魅力川菜

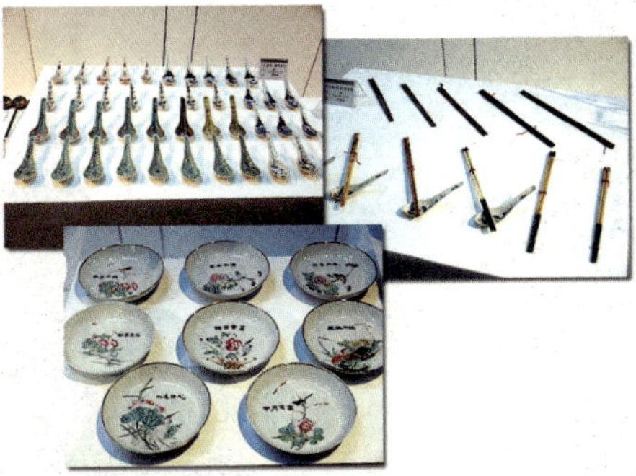

对于川菜的魅力，早在1000多年前，西晋文学家左思所著《蜀都赋》中，就有“金罍中坐，肴槅四陈，觞以清醥，鲜以紫鳞”的描述，这说明川菜除了直观的烹饪技巧和味觉追求以外，更讲究一个文化底蕴和氛围，这就是川菜的“味外之味”。它可以把人们对美食的感受，引向一个新的审美境界，使其具有艺术雅趣，也正是由于川菜这种独特的韵味，使得川菜在海内外的传播与普及广泛而深远。它不仅是维系与凝聚海外华人华侨的重要纽带，还对东南亚、欧洲、美洲以及非洲等地产生着来自东方文化的浸润与影响。据汪晓芸透露，仅以川菜博物馆为例，近年便不断有来自美国、日本、韩国、瑞士、加拿大、德国、西班牙以及中国香港、中国台湾等国家和地区的媒体竞相报道和制作专题节目。川菜博物馆更是与数量众多的国际美食文化交流团体保持着密切的交流，通过他们，川菜文化被传播到了更多更远的地方。

活态川菜

我们都知道“川菜很好吃”！

那么川菜为什么很好吃？为什么被很多人所喜欢呢？又为什么能行于江湖又盛于庙堂呢？

川菜享有“食在中国，味在四川”的殊荣，川菜擅用麻辣，但在辣椒传入中国以前，川菜又是什么样的呢？它又经历了哪些发展演变过程呢？

川菜的历史很容易陈列，但川菜的色香味形、刀功火候以及成菜过程，川菜这一非物质文化最核心的内容？又如何陈列呢？

对于我们的这些疑问，汪晓芸给我们呈献了一个与众不同的“活态”主题博物馆：

川菜博物馆包含了四川本土文化的重要部分：川菜、川酒、川茶、川戏、川派建筑、川式园林……这些，构成了一道独特的文化风景线。川菜博物馆占地约40亩，藏品6000余件，川西民居建筑风格，新派古典园林风光。川菜博物馆由典藏馆、互动演示馆、品茗休闲馆、灶王祠、川菜原料加工工具展示区、川菜原料展示区等功能馆和功能区组成。

川菜博物馆常设旅游活动项目有：1. 典藏馆赏古：游客可欣赏博物馆收藏的精品川菜古董。2. 互动演示馆互动：游客可观看厨师演示川菜制作过程，亲自品尝地道川菜，还可以体验川菜制作。3. 品茗休闲馆品茶：游客可以感受四川人的茶文化，了解四川人的休闲状态。4. 灶王祠祭祀：每逢每年成都国际美食旅游节和农历腊月二十三，都要举行祭祀灶王典礼（包含傩戏表演、舞狮表演、锣鼓表演、古装祭祀、敬香祈福、抢祭品等活动）。5. 川剧表演：每周日灶王祠都有川剧表演。6. 川菜传统工艺制作演示：在原料展示区，现场演示传统川菜制作工艺（酿制郫县豆瓣、制作四川泡菜、包粽子、包皮蛋、做月饼等）。

在川菜博物馆，游客不仅可以了解悠久的川菜历史文化，还可以通过互动式参观和参与，得到直观、真切的现场体验。

体验川菜

常言道：食在中国，味在四川。随着川菜文化在世界各地的普及和传播，有越来越多的国际游客不远万里，来到四川，探寻川菜故里，一探川菜的奥妙，从各大旅行社如火如荼的川菜体验游便可见一斑。《尚书》有云：箫韶九成，凤凰来仪。用这句话来形容当今川菜的盛况对国际游客的吸引力恰如其分。川菜那触动视觉和味蕾的色与味、独有的火辣与平和、丰富多样的烹饪材料、别开生面的烹调方法，对外国游客来说，无不是别开生面的异域风情，无不让人深深着迷。

来到川菜博物馆，通过参观典藏馆，通过数千件川菜文物和典籍，游客可以了解数千年历史的川菜文化；通过参观“郫县豆瓣传统制作工艺展示区”，体验郫县豆瓣“翻、晒、露”的三字真诀，游客可以了解川菜之魂的精髓所在；到了互动演示馆，游客就可以亲身体验川菜的刀功、火候和成菜过程了，甚至可以在川菜博物馆首席烹饪师的指导下，亲自当一回“川菜大厨”。

川菜博物馆热闹的川菜体验项目，更是吸引了各国驻成都的领馆官员和其他国际友人。2013年12月7日，“爱上川菜，我第二故乡的美味佳肴——驻蓉领馆官员体验川菜文化交流活动”隆重举行，来自澳大利亚、巴基斯坦、斯里兰卡、德国、法国、新加坡、泰国、美国、英国、加拿大等国家和地区驻蓉领事机构的国际嘉宾参加了此次活动。

这次国际嘉宾们在川菜博物馆是彻彻底底地来了回“入乡随俗”，他们首先来了灶王祠。灶王司职“上天言好事，下界保平安”，灶王是厨业界祖师爷，“敬灶”是四川重要的传统民俗活动，崇食、尚饮，可以感悟“一餐一饭，当思来之不易”，珍惜生活，与自然与社会和谐共处。只见来宾们在灶王前，恭恭敬敬地拈香敬拜，举手投足有板有眼，有模有样。

敬罢灶王，来宾们更衣净手，便开始在川菜博物馆首席烹饪师的指导下，学做川菜。这次选的两道体验菜品是他们最爱的麻婆豆腐和宫保鸡丁。当第一道由自己“掌勺”制作出来的菜品出堂后，制作者更是喜不自禁，在自己的的菜品面前一阵猛嗅！最后，川菜博物馆首席烹饪师对大家制作的菜品进行了点评，并评选出优秀

制作者，在得到川菜博物馆首席烹饪师的首肯后，他们表示回国后，一定要亲手做给家人吃！活动结束后国际友人们纷纷感叹，这次川菜体验让他们更加深入了解川菜文化的深厚以及川菜美食的奥妙。最后，来宾们在川菜博物馆合影留念，结束了这次美妙的川菜之旅。

韵味川菜

火红的辣椒，回味悠长的花椒，色香味美。四川自古物华天宝、人杰地灵。相对独立的地理环境，广袤的土地、优雅的田园、安宁祥和的生活，诗意栖居的四川人创造了川菜文化。

川菜完美地体现了四川文化。火辣与平和并存，内涵深远外表平淡，兼收包容不期独树一帜。千百年来，它孕育了司马相如、李白、杜甫、苏东坡、陆游等大文豪，扎根民间、勤于交流的川菜因之得以行于江湖，盛于庙堂。深厚的文化底蕴、丰富多样的生态原料、融纳古今的烹饪方法、博大兼备的味型谱系、标新立异的麻辣风味。“五味调和，百味生香，以味为魂”，备受世人垂青的川菜，名列“中国八大菜系”之首实至名归。

今天，历经千锤百炼的川菜以它宽阔的普适性，像江河归于大海，自然顺畅融入全球化浪潮，越来越受到全世界人民的喜爱。川菜享有“食在中国，味在四川”的殊荣，这个“味”就是川菜的魂，所以川菜讲的是“五味调和，百味生香”，以味为魂这就是川菜让人喜爱的真谛。

女鞋之都：创意转身

从20多年前生产各种贴牌的皮鞋小作坊，到一双双印有“MADE IN CHINA”的鞋子出口世界，武侯鞋城完成了毛毛虫变蝴蝶的华丽转身。这座位于武侯南郊川藏路上的国际鞋城，在20世纪90年代末还只是不大的制鞋作坊，到2005年时，已初具规模，被授予“中国女鞋之都”的光荣称号。今天，鞋都的女鞋产量位居全国第三位，产品销售遍及全国各地，并出口到了30多个国家和地区，让全球100双女鞋就有一双‘成都造’成为现实。正是由于对智慧创新的不懈追求，曾经的“武侯鞋城”才实现了完美的三级跳。2010年，荣誉再至：鞋都被授予“中国女鞋之都国家AAA级旅游景区”称号，目前创国家AAAA级旅游景区已通过市检。

从成都制造到成都创造

近年来，中国女鞋之都培养和孕育了卡美多、sheme、艾米奇、依百兰等一大批女鞋品牌。在美国总统奥巴马的就职典礼上，其夫人米歇尔脚下那双

BANDOLINO的BERRY黑色高跟鞋就来自女鞋之都。鞋都已经从最早的生产制造企业，逐渐转型为集营销、商贸、研发设计为一体的总部经济区。目前，产业高端化发展已取得初步成效，内外并重与品牌建设同步推进的格局全面形成。中国女鞋之都相关负责人这样说道：“ 中国女鞋之都地处武侯区，是品牌企业的物流、贸易、展示、研发、服务的中心，它又处在商业成熟区域，这本身就是一个地域优势。另外，其周边制鞋基地崇州、金堂充分发挥自然和劳动力资源、交通便利和有一定产业基础等众多优势，使得中国女鞋之都成为众多企业来此投资的汇聚地。这种布局将促使众多企业在规模和技术上升级换代，从而实现成都乃至西部鞋业的整体升级。尤其是咱们的制鞋业从‘成都制造’到‘成都创造’的形象也将日渐清晰。”

为了实现这种转变，女鞋之都在营销创意上大下功夫，设立了“武侯直销鞋城”，并通过开辟直通车、举办“国际小姐美丽闪耀鞋都”、“武侯女鞋进社区”等一系列营销活动，让广大市民形成了“要买鞋，到鞋都”的习惯；成功引进了法国卡亨等国际知名鞋业品牌落户，促进了全国首家意大利品牌联盟“意尚名品”入驻武侯直销鞋城，推动了德国杜塞尔多夫展览集团中国有限公司设立联络处，与东莞世界鞋业总部基地签订战略合作协议等动作，为的就是要从武侯走出去，打响品牌。

除了营销创意外，武侯区政府还在周边打造相关的配套产业和服务产业，已成功引进一大批电子商务服务和应用企业，基本形成了完整的电子商务服务体系和高科技产业总部聚集中心，积极打造“创新产业之都、工业设计之城”，帮助和促进鞋业

品牌从“成都制造”到“成都创造”的转变。另外，在生产型设计基础上，加快向营销型设计的转变，并最终以策略性设计为主导，使鞋类产品在国际市场上更具竞争力和时尚度，女鞋之都已经成为服务西部鞋业的开放性平台，推动着西部地区传统产业升级和加快发展。

创意拉动品牌

中国女鞋之都每月都会有大大小小的创意活动。百万人流、百亿商圈并非一朝一夕所成。各种类型的创意活动是鞋都打响品牌、走向世界的不二密码：连续八届中国女鞋之都博览会的成功举办，涵盖创意论坛、创意活动、创新型销售等众多方面创举；针对不同的季节，流行趋势的不同，每个季度都会举办色彩发布秀或者是流行趋势发布周。另外每年都要定期举办“琳琅沛丽颜色与流行趋势发布秀”、“春季密码·新品时尚周”、“‘男’色来袭”、“我爱成都造·品牌巡展”等时尚创意类活动。

除此之外，鞋都公司也关注青少年儿童的成长，在亲子方面，时常举办“多彩青春——少儿音乐会”、“童心绘梦”亲子书画大赛、“放飞梦想，欢庆六一”等儿童创意绘画比赛来丰富孩子们的课余时间，发掘孩子们的潜在能力及特长。同时，鞋都一直关注并解决青年就业问题，定期举办“青年设计师大赛”，致力于发掘人才、留住人才，举办类似的活动，为企业人才培养和输送奠定基础。

成都创意名片

中国，如今已成为世界最大的制鞋基地、全球第二大鞋类消费市场，贸易、投资领域的全方位开放使其在国际市场中占有极其重要的地位。成都是西部鞋业的的璀璨明珠，中国四大制鞋基地之一，拥有西部地区最大的制鞋制革基地，随着战略发展和市场规划，成都也将成为中国鞋业发展的新高地。正如中国女鞋之都相关负责人所说：中国女鞋之都作为成都的“鞋业之乡”汇聚了区域优势，众多的皮革企业汇集于此，打造中国女鞋之都是顺势而为。再加上地方政府在政策上对于皮革产业的大力扶持，鞋都有义务和责任将这张“成都名片”做好。

当然，对于中国女鞋之都而言，其本身就是一个成都的创意名片。这是一个于产业平台，融合直销市场、办公、研发、电子商务、酒店、餐饮娱乐、休闲游乐、配套住宅等多种业态于一体的新型产业综合体，正是这样的有别于传统的产业综合体做到了多产业整合，形成聚集效应，让中国女鞋之都园区涵盖直销市场、城市商业、旅游购物、休闲游乐、电子商务、展览展示等多种产业业态，产业更丰富、商业更综合，通过发挥规模效应和聚集效应，实现人气商气叠加、快速提升资产价值。

当谈到中国女鞋之都的未来规划时，该负责人激动地说：“因为前所未有我们才做！颠覆西南地区商业格局，开创新的商业模式，这是一个新纪元！一座占地约1万平方米、总建筑面积约6万平米的全新商场将在鞋都拔地而起。‘面向高端’将是我们对新商业品类的全新定位，让中国女鞋之都整个项目成为成都及周边地区中产阶级购物休闲的商业中心。”

刘琼英：用生命做鞋的女人

“一个用生命在做鞋子的女人（The woman devoting to her shoe－making career）。”这是国外某知名媒体对刘琼英的评价。她显然极为喜欢这一评价，把它用作了微信签名。

确实，鞋子之于她，已然渗进了血液，融入了生命，成为她人生不可或缺的一部分。

一只在蓝天下翱翔的“火烈鸟”

火烈鸟，一种拥有火焰般鲜丽羽色的鸟儿。刘琼英的办公桌后面就挂着这样一幅火烈鸟的作品。所不同的是，它的脚上穿着鞋，而翅膀换成了天使的羽翼。

这只独特的火烈鸟就是她一手创立的高端定制女鞋品牌sheme的品牌形象。“赋予它天使的翅膀，其实是我的思想在蓝天下翱翔，它穿着的鞋就是sheme。”

这一灵感源于1997年她在非洲大陆的一次旅行。当时，她在肯尼亚国家公园看到了这种鸟。美丽、优雅的火烈鸟给她留下了

深刻的印象，而它们飞翔时的壮观景象更是给她的心灵带来了极大的震撼。一位导游曾告诉她，火烈鸟的红是从血液里渗出来的。她久久伫立着，想象自己就是一只火烈鸟，在蓝天下翱翔，优雅、性感、美丽、自由自在。

1998年，刘琼英创立了sheme。它是英文单词she和me的组合，“寓意着每个女人都要有一双呵护自己的好鞋，而这双鞋应该是精致的、性感的、优雅的，应该是行走的艺术。”

行走的艺术灵魂

Sheme不是单纯的美丽，灵魂贯穿了它的始终。因此，刘琼英希望它能传达出一种美感，“毕竟第一印象很重要，再者是需要有精湛的工艺”，但她更想赋予它思想与内涵，成为 “行走的艺术”。

美丽可以复制，但思想、内涵却只能原创。尽管sheme大量采用中国传统文化元素或民族元素，却并不是简单的铺陈堆砌，当然也不会只采用国际时尚元素，而是将欧洲经典设计与中国传统精湛的手工艺术交汇相融，从而形成sheme独有的个性和风格。“世界尊重美和原创设计。当人们了解到sheme是原创作品之后，会非常惊讶和尊重。”刘琼英这样告诉我们。

值得一提的是，sheme的美并非是高处不胜寒的无根之美，毕竟这种美苍白而单薄。刘琼英在试图 “创造行走的艺术” 时，还兼顾了功能与实用性。她并不想让这种美丽的事物离人太远，“我们将中国传统文化与蜀绣，以及人们的日常生活相结合”，而这让sheme获得了更为强大鲜活的生命力。一位顾客为了表达她对sheme的喜爱，在短短两个月的时间就里买了21双鞋，“她不是买来欣赏，而是真正喜欢。”

信念最重要

现在，sheme已在成都仁恒置地和桐梓林、上海外滩22号，以及北京国贸设店。2014年10月30日，它还会在北京新光天地开店，邻居是迪奥们。获得了国人的认可，Sheme在2013年9月走上了伦敦时装周，成为中国首位登上国际时装周T台发布的中国高订女鞋品牌。从成都出发，走向全国，再走向世界，这是一条极为踏实、健康的发展路径。当时，她带去的以“牡丹亭之蝶影寻花”为主题的鞋子，“在鞋的设计中添加了牡丹花瓣、羽毛、蝴蝶等元素，用传统的中国文化征服世界舞台。”

真正美丽的事物，不会有地域之别，不会有国界之分，更不会有语言文化的隔阂。同样是2013年，她在纽约林肯中心，成为闪光灯下的焦点。这些西方人完全震惊于她脚上sheme鞋的优雅外形和精湛工艺，而纽约的服饰心理学专家James Dickson教授则用一种更为虔诚的姿态“膜拜”：为了拍到她脚上那双鞋的每个细节，他甚至在地上或跪或趴了近半个小时，并坚持采访刘琼英以完成他的研究课题。那双鞋的灵感来源于故宫建筑，“是建筑与时尚的结合”。

刘琼英对西方人表现出喜爱和狂热有着清醒的认知：“如果20年前我向大家说shme，说aiminer，一定没有人肯花时间听我说什么。然而，当sheme的精致与美丽得到世界的关注和认可，他们就愿意停留下来听它的故事和思想。他们关注我，是因为我脚上那双鞋的缘故。透过一双鞋，我得到更多人的尊重。在我的生命和血液里，鞋带给我很多。”

一个品牌从诞生、发展，到成熟，它所经历的艰辛显然是外人难以想象的，而sheme从不为人知，到走上国际时尚圈，刘琼英的付出也是我们难以想象的。对她而言，“信念最重要。相信自己的信念，就能在困难面前有所坚持，就能拒绝诱惑，也才能坚持自己的梦想。”

王敬恒：士夫之画 画以载道

敬恒真士人画也。这是皮道坚对王敬恒的评价。

苏轼在《又跋汉杰画山》中写道：“观士人画如阅天下马，取其意气所到。乃若画工，往往只取鞭策皮毛，糟枥刍秣，无一点俊发，看数尺许便倦。汉杰真士人画也！”又在《王维吴道子画》中写道：“吴生虽妙绝，犹以画工论。摩诘得之于象外，有如仙翮谢笼樊”。在他看来，王维“诗中有画，画中有诗”，正是士人画的最高艺术境界。

作品追求崇高

尽管苏轼提出了“士人画”的概念，然而，一直以来却并没有一个比较明晰的定义，甚至很多时候与“文人画”相混淆。苏轼更多是提到“意气所到”或“得之于象外”，是与画工的拘泥和匠气相对比。若排除阶级、社会地价等因素，这是将画家的创作境界与创作方法作对比。

皮道坚提出这一观点，显然也是在“强调王敬恒的创作法论，他对‘搜尽奇峰打草稿’的说法颇不以为然”。王敬恒说：“画山水不一定非游历，为‘行万里路’跑得腿肿脚粗者多的是，画出什么来了呢？反不如我！要想，尽量想。”又说：“人问余所画何处，曰：‘余心中之幻境耳’。”

若只以创作方法去观察王敬恒并视其作品为“士人画”，似乎还不足具说服力，故皮道坚而另有补充，“士人表率的社会风气，强调社会价值大于个人价值，强秩序、规范。着眼艺术界，今之士人，必是文化上继续和发扬中华传统文化精髓，又兼具体现时代价值，其作品追求崇高，而非形式上的优美。”

士人毕竟不同于文人，士人关注内心，更关注家国天下，士人有忧患意识，士人志于道。正如王敬恒自己所说：“如我的画书卷气太重，尚停留在陶情怡悦方面，缺乏灵魂的骚动，没有人的情欲与自然的冲突，没有神秘和形而上的东西，没有把我独自一人在山野中踽踽而行所感到的恐怖与神秘表达出来，似乎我在用陶渊明、倪云

林的眼睛和意识画我的山水画，这是在抹杀我自己，使我自己不存在。”

殷双喜的评价则更进了一步：“他的作品虽然朴茂深美，但不是单纯的自然写生，而是在笔墨语言的基础上，赋予它更多形而上的意义和形而下的物象。他认为中国山水画不会湮灭，是因为它是一个智性的载体，不仅是状物写形……在王敬恒先生的画作中，山水自然数千年来并无太大的变化，变化的是不同时代的艺术家对自然和人生的体悟和感受，变化的是艺术家在继承前人基础上潜心独探的笔墨表达方式。由此，‘秦时明月汉时关’，千古文心，朗然独照，天地大美凝聚于画家笔下，以形传神，表达的是超越时代的整体性观念和宇宙意识。”

艺术需要体会

王敬恒在另一则自记中则更为明确地写道：“艺术最需要体会，不需要理智。理智是支离破碎的，是实用的，只有体会才能把握整体，把握生命，才能体悟何谓宇宙”。正如郎绍君所说，理智是否全是支离破碎或实用，尚需斟酌，但他在艺术上非理智的体会却是“很对的”。其实，“体会”之于王敬恒，更多是一种创作的方法或媒质，是在探寻心中之幻境，他的目的是由此去把握整体、把握生命，去“体悟何谓宇宙”。

很多艺术家在评论王敬恒时，往往会提到他读书的某些细节：他一生大量时间都用于阅读哲学、文学著作，“王阳明、康德、苏珊·朗格、海德格尔、陀斯妥耶夫斯基，以及菩提道次第论，都成（他的）案头读物。1998年我和他

相约茶馆，他还带上卢卡奇的《历史与阶级意识》（楚桑）。”这显然并不仅仅是因为他早年因病和家道中落而失学，“读书求学的欲望十分强烈”，更多是他在探索一种形而上、智性的东西，或者是探索人生宇宙的本源。

这种探索显然超越了绘画艺术本身，是画家自觉的、有意识的溯源与追问。尽管自称艺术不需要理智，但王敬恒的内心显然在建立一个秩序井然的理性世界，并形成自己的一套严密逻辑和个人风格。

应该说，关注生命，体悟何谓宇宙，赋予了王敬恒士人画更广阔深邃的内涵，而这种超然于象外而臻于随心所欲的状态或境界，也应是他自身对艺术的追求或对理想的期许。又或者说，这是王敬恒艺术创作的境界所在，更是其人生的境界所在。

李金远：金水墨山水

“金水墨山水”是在中国山水画史中继“大青绿山水”、“小青绿山水”、“金壁山水”、“浅绛山水”、“水墨山水”之后的又一全新艺术风格，由四川成都画家李金远先生独创。无论是义、法、技，或是韵、意、致，“金水墨山水”都十分讲究。据悉，其取法于老子“上善若水”之“道”，得益于庄子“独与天地精神往来”之“魂”，坚持“以自然为母、以道教为魂、以创新为法”，关注自然、人文、环境，将中国水墨之“神韵”与西方油画之“形胜”融为一体，形成独具“天人合一”境界和造化神奇之美的新派山水画艺术。

东方“神韵”融会西方“形胜”

每一幅“金水墨山水”作品都倾注了李金远的功力心血与心灵炼养，其间融汇了透视天地的生命哲学关照，同时也不断演绎着“与物有益”、“与物为春”的共感活动。这批新颖力作一经问世，便为中国画坛带来一次又一次的震撼，也把中国当代绘画艺术再次推向世界。

当代中国山水画大师李可染、中国美术家协会名誉主席靳尚谊、中国美术家协会主席刘大为、画家范曾高度赞扬李金远的艺术创作，与李金远共同出版精品画册。范曾与李金远素不相识，观其作品后撰写了《关照心中的自然》。范曾先生在文章中写道："当看到李金远那气象多变的山水画，我会觉得内心的'自然'比自然的'自然'从艺术层面上来说更重要，通过自然景观来关照自我心迹，叙述自己的故事，这种由自然向内心的转变是艺术家一生的课题。我研究了李金远的创作，李金远是有'三大奇迹'出现的。第一个是'塔马沟'，这个是他发现艺术创作的真谛，这是一个'破荒'的重大发现；第二个就是在日本，去看火山爆发；第三个就是在法国，您一回头，就看到了绘画的丙稀金颜料。这三个是李金远先生今天能够独步画坛的'三大奇迹'。"

对李金远而言，从国学、道学，甚至到基督教，这些国学文化、宗教文化对他的影响是很深刻的。因为不管是从别人的评论还是从他的自述中都能看到，就是读者也能通过这些语言文字，看到他内心世界的一些东西，这都是很多人不经意的。在韶关瞻仰利玛窦遗迹，尤其李金远在看利玛窦的第二个传教驻地时，荒没的废墟当中还有一些小草，他很有感触。对一个画家来讲，能关注到这些细节，说明他的内心世界是非常复杂、非常丰富的。反过来讲，利玛窦这么一位名人，400多年前他来到中国，他来传播西方文化，来传播基督教，他所走的这个足迹实际上对李金远的这个艺术创作影响是巨大的。李金远沿着利玛窦的传教足迹来到北京，又到意大利，又到利玛窦故里的小巷子去看。这些东西实际上是李金远人生经历和阅历的一个积累，一个积淀。

李金远的作品里面没有一点俗气，这非常了不得。李金远能够从农家子弟到后来

走出这么一条艺术道路，是相当了不起的，他的作品实际上是集合了哲学、文学的绘画，诞生了一个具有高度审美价值的伟大作品。这个审美不是简单地从绘画学角度来评价的，有文学造诣，又有哲学思想。他的终极思想是“归元论”，这“归元论”在国外就是“教”，在国内就是“道”，这就是哲学思想。

“金水墨山水”重要贡献

谈及李金远以“金水墨山水”为代表的绘画艺术，业内专家坦言，毫无疑问，“金水墨山水”集中代表了李金远的绘画成就以及绘画上的学术上地位。如果从形式特征看，可以把它概括为四句话：恣肆的笔墨，奇异的构图，绚烂的色彩，壮美的意境。业内专家从四个方面，为读者揭开“金水墨山水”的神秘面纱。

创作主体的体验性。李金远笔下的水墨画，特别是他的“金水墨山水”无一不是他个体生命在张扬主体性时，通过多方面、多层次的人生体验获得的极为丰富的情感和意识，这其中贯穿了他敬畏一切生灵的生命意识、顺应天地恒律的自然意识、珍视苦难的悲剧意识、同情弱者的慈悲为怀的宗教意识。

表现手法的意象性。李金远以“金水墨山水”为代表的绘画既不同于传统绘画中强调的“应物象形”，也不同于宋代以来的文人画主张的“逸笔草草，不求形似”，更不同于西方绘画中印象派的荒诞不经，它是有象的，但绝非具象之“象”；它是有意的，但绝非虚无缥缈的“意”，准确地说，是意中有象，象中有意。这实与老子“惚兮恍，其中有象，恍兮惚，其中有物，窈兮冥，其中有精”十分契合，画家深知，单纯的“象”势必导致表意的狭隘，而不附在象上的“意”又会造成画境的单薄。

艺术构成的动态性。李金远以“金水墨山水”为代表的绘画在呈现宇宙本体的同时，也呈现出自然的多种情态，黎明的熹微、多情的草地、混沌的夜幕、闪烁的北斗、朦胧的月色、濛濛的细雨、迷蒙的烟林、温润的毡帐，奔驰的牦牛、嘶鸣的天马……观者不仅为那横扫的斗笔、自然交错的形线空白、跳跃的饱点、渗化的水迹、奔魄的冷金、漫延的墨痕陶醉，同时也为那艺术世界里万物流动飘移、瞬息万变的宇宙生命感染，被引进一个共鸣着的心灵历程去体验发现自我、创造自我、肯定自我的审美愉悦。

色彩运用上的抒情性。李金远“金水墨山水”为代表的绘画最具生命情调和个性特征的，是他别出心裁的色彩运用。这一点可以说超出了当今任何一位画家，也是与传统水墨画拉开视觉差距的最根本的特征。李金远完全颠覆了传统水墨绘画所谓的“墨生五色”、“水墨为上”等传统观念，赋予色彩以崭新的生命情调和人文精神。他笔下的色彩之浓烈，之灿烂，对比之强烈，让人目眩神惊，无论是象征悲壮的红色、象征生命的绿色、象征神秘的紫色，还是象征荒诞的橙色，在他笔下都得到淋漓尽致的表现。

总之，李金远独创的“金水墨山水”取法于老子“上善若水”之道，得益于庄子“独与天地精神往来”之魂，坚持“以自然为母，以道教为用，以创新为法”，关注自然、人文、环境，将中国水墨之“神韵”与西方油画之“形胜”融为一体，形成独具“天人合一”境界和造化神奇之美的新派山水画艺术。

创意无限，独一无二的**熊猫基地**

众所周知，大熊猫主要生活在四川，作为“国宝”的它们一直扮演和平外交使者的角色，现在已经有数十只大熊猫快乐地生活在世界多个国家的动物园。大熊猫形象憨厚率真、亲和友善、悠然自得、淡定温顺又洋溢着灵气。在很多地方，大熊猫实际上已经被认为是中国的符号元素，代表了中国人民热爱和平、友善待人、意志坚强，以及对环境变化的特殊适应力，充分体现了人类与自然和谐的永恒主题。因此，将大熊猫作为成都国际化城市营销战略的形象品牌，这种传播效应是其他载体所不能比拟的。

近年来，成都通过组织“大熊猫全球恳亲之旅”、“美国大熊猫国际文化节”、“大熊猫全球守护使征集活动”等一系列宣传活动，对外展示成都“生态天堂”的力度更大了。“看大熊猫，到成都”，每年都会有很多世界各地的人因大熊猫来到成都，从而更加深入地了解这个城市古典与时尚、传统与现代的城市风采，可以说大熊猫全面提升了成都的吸引力和美誉度。

创意在熊猫基地

位于成都北郊斧头山，距市区10公里，有一条宽阔的熊猫大道与市区相连，这里是外地人到成都看大熊猫的必然之选——成都大熊猫繁育研究基地，中国大熊猫迁地保护的重要场所。

成都大熊猫繁育研究基地是为拯救濒危野生动物大熊猫而兴建的具有世界水平的非盈利性大熊猫繁育科研机构。基地建成了科研大楼、开放研究实验室、兽医院、兽舍和熊猫活动场、天鹅湖、大熊猫博物馆、大熊猫医院、大熊猫厨房等，形成竹木苍翠、鸟语花香，集自然山野风光和优美人工景观为一体、适宜大熊猫及多种珍稀野生动物生息繁衍的生态环境。自1980年成都动物园在世界上首次采用冷冻精液繁殖成活大熊猫以来，在原来仅有的6只大熊猫基础上，几十年没有新增一只野外大熊猫种源的情况下，建立了全球最大的圈养大熊猫人工繁殖种群。特别是从2006年到2011年度，基地创下了自建立以来历史最好繁殖成绩，可喜可贺的是，人工饲养条件下的第三代大熊猫也已在基地繁育成活。基地先后荣获联合国环境规划署颁发的“全球500佳”，以及国内“中华绿色科技金奖”、“全国环境综合治理优秀工程”、“四川省百佳绿化先进单位”、“四川省科普教育示范基地”等殊荣。

大熊猫繁育研究基地是以造园手法模拟大熊猫野外生态环境，现占地1000亩，绿化覆盖率达96%，营建了适宜大熊猫及多种珍稀野生动物生息繁衍的生态环境。这里常年圈养着80余只大熊猫以及小熊猫、黑颈鹤、白鹤等珍稀动物。为了达到保护大

熊猫物种、壮大其种群、最终将大熊猫放归野外的目的，成都大熊猫繁育研究基地在第二、第三期工程建设中，为大熊猫修建了仿野生的生态环境，并在2010年开始了成都大熊猫繁育研究基地都江堰野放繁育中心的建设工作。在这片大熊猫的土地上，藏品丰富的全世界首家大熊猫博物馆，精彩再现濒危物种亿万年的演化历史；全球首创的互动式大熊猫科学探秘馆让人步入探索大熊猫保护科学的奇妙世界；“大熊猫魅力剧场”则以逼真、珍稀的镜头生动地演绎大熊猫繁育、成长、生活的神秘世界。

游客可在“熊猫医院”、“熊猫厨房”、“熊猫别墅”探寻到大熊猫保护奥秘的无限乐趣，还可观看大熊猫窝窝头的制作过程，有机会品尝到国宝专享美食，还可近距离观看大熊猫的生活。自从大熊猫基地成立以来，每年吸引了无数中外游客到此一睹大熊猫风采，成为了成都市无限创意中永远无法复制的一张城市名片。

熊猫引发的“蝴蝶效应”

近年来，围绕“熊猫”，成都做了一番漂亮文章，大多数绕不开大熊猫繁育研究基地。2012年1月23日，壬辰龙年第一天，“熊猫嘉年华”活动在成都大熊猫繁育研究基地拉开帷幕，市民和游客们与“国宝”大熊猫亲密接触，在快乐轻松的环境里欢度新春佳节。

2012年“熊猫嘉年华”活动的主题是“全球大熊猫，成都拍彩照”，活动的重头戏是让网友和游客们发挥想象力，给黑白色的大熊猫制作色彩更加丰富的“彩色”照片，实现大熊猫“拍彩照”的心愿。 “大熊猫有两个心愿：一是去掉黑眼圈，二是照一张彩色

照片。”这是一段在网络上广为流传的笑话，但是很快大熊猫们就能实现第二个心愿了。”成都大熊猫繁育研究基地精心策划了大熊猫“拍彩照”的活动，向市民和网友征集创意灵感，给大熊猫制作“彩色”照片，让黑白相配的大熊猫形象变得丰富多彩。市民和网友们开动脑筋，发挥想象力和创造力，使用多种手段来制作这张“彩色”照片。

“这是世上最萌、最好的工作”，大熊猫守护使的征集活动更是让全球瞩目。2012年9月10日，成都大熊猫基地、野生救援协会与姚基金在上海启动“2012年成都全球招募熊猫守护使”活动，面向全球招募3名大熊猫保护推广志愿者。当天的活动被视为两年前“成都全球招募熊猫守护使”的延续和提升，主题为“回归自然与成都大熊猫同行”，通过“海选”产生的3名“熊猫守护使”任期一年。他们将接受成都大熊猫基地的系统培训，了解成都大熊猫种群，并展开“全球熊猫守护之旅”的履职任务。届时，“熊猫守护使”将奔赴全球所有拥有大熊猫的国家和地区如美国、新加坡、日本、泰国等，展开大熊猫和当地濒危物种繁育保护的国际交流。

大熊猫是生动的国际通行符号，容易获得大多数人的认可。《功夫熊猫2》和成都在伦敦奥运营销的成功更是鲜活的例证。相关人士评论，“成都相对于其他城市奥运营销棋高一着的原因，即成都在城市符号的选择上取得很大成功，成都作为大熊猫故乡，选择大熊猫作为形象先导和象征物，具有非常强的吸引力和辨识度。奥运会对非奥运赞助商有很大的限制，但大熊猫打太极、大熊猫出租车等生活化、亲民化的表现形式，让成都元素自然地融入伦敦市民的生活中，这种非硬性广告，切入点很巧妙，选用民间化路线，以非官方外交形式体现活动的亲近感，让成都和大熊猫能与伦敦市民进行更好的沟通。”

锦里：成都版“清明上河图”

如果说宽窄巷子是最成都的地方，是一个灰布长衫、围巾礼帽、意气风发的有为热血青年男子；那么锦里就是最四川的地方，她就是上身穿一件玉色湖绉的葱白线镶滚边短袄，下身穿一条水红湖绉百褶裙的大家闺秀，亭亭玉立站在那里，纤纤如葱白的右手拿了一卷古书，左手执一柄油纸伞，在雨中，微微笑看南来北往的游客，这如梦如幻的景致何尝不是一种心灵的创意。

百年木板门，千载石板路。漫步锦里，数百米古道诗与画，仿佛穿越城市千年的岁月。作为文化部命名的全国首批文化产业示范基地，锦里，是川西民风民俗的大

观园，更是成都的创意名片。来了不想走，走了还想来，曾有人说：有了锦里，对成都的想象就有了细节。

锦里依托武侯祠，以秦汉、三国精神为灵魂，明、清风貌作外表，川西民风民俗为内容，扩大了三国文化的外延。在这条500多米的古街上，浓缩了成都生活的精华，三国文化的力量，已成为其中摸得着、看得见、感受得到的生命。

锦里古街的复建，不是一种简单的复古仿古，它不仅对如何处理旧城改造与历史文化的保护、传承这个难题进行了大胆有益的探索，也为有效利用历史文化资源转化成文化资本，塑造城市文化新形象提供了一个全新的创意蓝本。

重温三国，梦落锦里

锦里以“三国文化”为主题，建筑风格以明清为主，间杂汉风，建筑色彩总体上以青黑、灰白、木黄为主色，整体上具有亲切热闹的平民化风格。走过横跨在“三国茶楼”与“三顾园酒楼”的双连廊，锦里的真面目才春光乍泄、芙蓉出水，叫人犹如步入了“清明上河图”，玲珑精致的明清双层阁楼隽秀静立，蜀中宝、蜀涛、锦里客栈、喜神坊、莲花府邸等齐列一旁，从文化上涵盖三国、老成都民俗、川西食宿风情。有专卖店、客栈、院落式酒店、旅行社等业态，业种上引入了刺绣、藏饰、川茶、三国工艺品、珠宝首饰、特产干杂等等，丰富异常，但不繁杂。清丽小湖，湖水清冽，尾尾红鲤悠然自得，来回穿梭于碧水之间，红绿相间，盎然成趣，呈现宁静纯真的美。一侧的二层木廊，休憩的人们，三五成群，或低声细语，或倚栏观景，或凝神沉思，各自沉浸其间。

走过锦里广场，就结束了前段街道“静”的历史。跨过戏台，意味着跨入了另一个热闹非凡的新天地——酒吧餐饮动感区。此处让人犹如回到了宋朝热闹的市坊

街头，张飞牛肉、汤麻饼、哈根达斯、绿色森林烧烤、水井坊、青扇羽、清雅轩……百年名品与时尚美味在此兼收并蓄；锦里红、费酒坊、行形摄色PHOTO BAR、橙黄橘绿……古代酒坊与现代酒吧在此杂糅争辉，再加上悬挂半空的店幡招摇，灯笼醉红，真是一派夜锦如花。

走过隔墙，穿过到了锦里的最后一段街区。人头攒动的小吃街，热闹非凡。各色小吃品种繁多，散发诱人香气。从街头至街尾，购来各种美味，坐于木凳，细细品味。细腻的甜，热烈的辣，融入口中的香糯，回味无穷。满街都是欢愉的人们。淡然的笑容，四周的轻松，让人沉醉其中。

慢慢地走，细细地看，琳琅满目的商铺，别致精细的商品，各具特色，色彩斑斓。回转至那戏台之前，伫立凝望，看那沉稳的戏台，十八般兵器列于两侧。脑海浮现将相之威，迈着四方步子，咿呀地唱着。忽然响起一曲悠悠乐曲，飘逸宁静。台上白烟涌起，宛如仙境，几位古装女子，各擎一把绸伞如仙子般从天而降，腰段柔美，翩翩起舞，水袖轻甩，眼波流转，满目柔情。一白衫美男，眉目俊美，由侧而出，伴着凄美的音乐，与一女子缠缠绵绵，演绎一幕凄美的爱情故事。

抬首远望，红绸灯笼散发温暖的红，一串串，一排排，一片片，高高低低点缀在两侧，热烈又不失温情，现代又不乏古朴。静静的青石路，蜿蜒曲折，被岁月的脚步打磨出浅浅的光滑，泛着幽幽的光，似乎在诉说着时光流逝的感叹。两侧是青瓦木窗，错落有致，檀香淡淡飘来，夹杂岁月的气息，沁人心脾。恍惚间回到了古时，徜徉在幽雅的街道，满目欢喜，满怀悠然。欲悄然走近那雕刻精美的木窗之前，轻拂岁月的精致；欲轻磕那铜质门扣，感受沉重与庄严；欲推开那驳迹斑斑的木门，锦里如梦，梦落锦里。

百米古道，雨中情意

穿越车水马龙的街道，盈盈走入古朴祥美的锦里。四百米诗与画并存的古道，古色古香，流连忘返。

不同的时节去锦里都有不同的情绪变化，但雨中的锦里，格外让人想去亲近。雨中的绿树红花更是惹人心疼，翠绿的树叶像用丝绸擦过一般，红花上珍珠般的雨珠都不忍心叫它掉下来。 雨中的锦里大门，显得更为沧桑古朴，小雨细细无言地落在街道的青石上，随着不多的几个游客打伞一齐前行，脚步自然就变慢变轻，仿佛这一切就是一幅中国水墨画。

轻触雕花的窗棂，凝神雕刻的木门，迷离的雨雾中仿佛回到那个久远的年代。独自一人在雨中漫步锦里，仿佛每一个脚步声都是锦里深情的回应。一群游人在小桥上看绿树环绕、如同梦境中的静谧小湖，在小桥上给湖里面游来游去的锦鲤照相，而二楼走廊上的游客，却将楼下游客灿烂的笑容全部照进自己的风景里。正如卞之琳那首诗《断章》所写：你站在桥上看风景，看风景的人在楼上看你；明月装饰了你的窗子，你装饰了别人的梦。

不知有多少人想带走锦里的美，或是说，每个来过锦里的人，都把自己的那份柔柔的感受留在这里了，在心里会对锦里说，我只是暂时离开你，没有远离你，我的心，在这里陪你，就如这潭幽幽似玉的湖水。小楼下的廊亭下，插有一块农事之乐的铭牌，上书：青葱麦稻，替代了繁芜的花朵，静静体会返璞归真的宁静。下面是一曲浅水，几块顽石，几朵浮萍，还有几尾小鱼悠闲游过，恍惚之间，心儿似乎也随着鱼儿一起游走……

走进右边那条小街，青堂瓦舍鳞次栉比，进入那间丝绸手工坊，看看远古的织布机，《木兰辞》悠悠从心里升起。原来丝绸是那样制成的，从泡茧抽丝，再到织锦成匹。从前的女子，为家人、为情郎做一件衣服，不说丝绸的，就是一匹普通棉布，也是多少日夜的操劳才得以上身，有多少幸福的叹息，又有多少殷殷的思念和祝福，在日日夜夜的机杼声里此起彼伏呢?

沿着小街向前走，看到西蜀第一街的门楼，在左边的文化墙上，这里有锦里所有的经典渊源解说，铜雀台茶馆里面传来琵琶起伏婉转的声音，趴在古香古色的窗棂上一看，一位古装的美女，正行云流水地在演奏那曲著名的《春江花月夜》，美景如画，美人如水，美曲如梦，恨不得就坐在茶馆里忘了俗世的一切。走不完的是路，看不完的是景，不能停下的是脚步。 小雨依然蒙蒙，最后回望那桥、那湖、那锦里，在雨里依然还是那么恬静美丽。

卡弗动漫：让创意动起来

作为一种艺术形态，动漫是时尚的、彰显活力的，同时也是较另类的，以至于许多人将可爱的卡通画、年幼时常看的动画片全部定义为动漫。即将于2014年10月11日到13日举办的第三届成都卡弗动漫游戏展，已经伴随热爱动漫的人们步入了第三个春秋。正是卡弗动漫的巨大影响力，改变了人们对于动漫的片面看法，当观展者走出展厅的时候，他们或许会有这样的感受：原来动漫不只是那些关乎童趣的东西，还是如此纯粹的艺术，甚至令人产生很多心灵上的共鸣。

历届“成都卡弗动漫游戏展”可谓亮点纷呈，除了展示国内动漫影视作品、日本和欧美等动漫发达国家的当红动漫作品以及全球原创动漫作品交流活动外，还有社团互动、COSPLAY展演、动漫歌曲演唱会及比赛、动画配音现场表演等一系列活动，从不同的角度全方位呈现动漫这一艺术形态的独特魅力，将时尚、创意、动感的艺术元素带进成都。

动漫，古老而时尚的艺术

在一些很了解动漫的人眼中，动漫与常见的艺术形态，如书法、绘画、影视既有不同，也有共通之处，它融合了书法、绘画、设计、影视等多种艺术形态，又体现出更为动感、时尚的风格。而且动漫虽然是一种时尚的艺术形态，但它也是有历史的，也是有传承的。

动漫包括动画卡通、网络游戏、手机游戏、多媒体产品等，而动画是其中较为核心的内容，也是历史久远的一门艺术。“动画”一词源于拉丁文字源anima，是“灵

魂”的意思。动漫的发明远早于电影。据考古发现，早在25000年前，西班牙石器时代的洞穴中便画有野牛奔跑的分析图，用连续的野牛脚来表现野牛奔跑的姿态，这是人类最早试图用笔（石器）来捕捉凝结动作。在我国青海马家窑发现的“舞蹈纹彩陶盆”上也绘有手拉手在河边舞蹈的人物，这是我国最早试图表现人物连续运动的动画形式。而就广义而言，动画是指一些原先不活动的东西经影片的制作、放映等成为活动影像的一门艺术。

在新媒体技术遍地丛生的今天，定义动漫已不在于其使用的材料和创作的方式，而是作品是否符合动漫艺术的核心要求。时至今日，动漫媒体已经包含了多种形式，例如传统的赛璐璐、剪纸、皮影等。它们具有一些共同点：其影像是以电影胶片、录像带或数字信息等纪录下来的；另外影像的“动作”是被创造出来的幻觉，而不是原本就存在的。所以，可以说，动漫是一门幻觉的艺术，它更容易直观表达和抒发人们的情感，可以将现实中的不可能转为艺术中的现实存在，这也扩展了人们的想象力和创造力。

国产动漫较之美国、日本、法国等国的动漫起步较晚，但经过了若干个发展期

后，如今国产动漫已迎来了发展的春天。自19世纪初，万嘉宗、万嘉洪、万嘉结、万嘉坤创作第一部中国人自制的人画合演的动画片《大闹画室》以来，国产动漫又创作了《大闹天宫》、《镜花缘》、《大头儿子小头爸爸》等一大批脍炙人口的动漫佳作，它们借鉴了美国、日本等动漫艺术元素，并大胆吸收中国古典绘画、中国古典音乐等艺术养分，使动漫作品在蕴含独特中国民族风情的同时，日见时尚、动感。

从经典动漫作品《大闹天宫》，到许多人都看过的动画片《大头儿子小头爸爸》，到如今国人的更多原创动漫作品，再到3D动漫游戏，贯穿起了一条动漫发展、传承的线，从中你可以看到动漫艺术的演进之路，这是中国动漫发展历程的一个重点，也是极具创新和历史意义的。

动漫节，以创意打造国际水准

虽然动漫是一种新颖的艺术形态，但对艺术有着极强包容性的成都却对动漫并不陌生。这里的卡弗动漫游戏展携手众多动漫同人爱好者成功走过了三个春秋，整合本土及全国动漫游戏行业优势资源，融合国际知名动漫游戏参展商，搭建起一个以动漫游戏文化产业发展、交流、合作的展会平台，形成西部地区一年一度的动漫游戏国际行业盛会。

国内外动漫游戏博览交易会活动是本次动漫游戏展活动的核心组成部分，参与主体来自全球（美国、法国、日本、韩国、匈牙利、捷克、澳大利亚、中国香港、中

国台湾）多个国家和地区动漫游戏行业的知名企业厂商；展示交易包含动漫影片发布、动漫周边产品展览交易、最新在线网络游戏发布及现场体验、手机游戏产品发布与体验、动漫游戏出版物的展览交易。

本届展览会也是西部成都动漫游戏产业的一次高峰论坛活动，邀请全球知名企业、专家针对西部动漫游戏产业发展在人才、技术、环境、版权及互联网营销等五个主题方面与国际竞争力的研讨，为西部成都动漫游戏行业发展与参与国际竞争提供全方位的商务交流合作。

这些，在卡弗动漫策展人赵胤苏眼中，都是举办此次动漫艺术节的优势所在，"动漫彰显了一座城市的活力与创造力，同时也能提升一座城市的活力与创新能力。目前成都的动漫产业已形成一定基础，既有相当一部分的动漫爱好者，也有动漫创作机构，同时还定期举办动漫大型会展，可以说动漫在成都已积聚了足够的人气。"

既然是国际动漫节，就应对应国际水准。对于如何打造动漫艺术节的国际水准，卡弗动漫策展人赵胤苏用了三个词来诠释本次动漫艺术节的独特性：专业、推动、创新。

对于专业，卡弗动漫策展人赵胤苏解释说，本次动漫艺术节的展览板块，将分九大项目向观众全方位展示动漫艺术，展览分为COSPLAY 世界杯舞台竞技比赛活动、全球原创动漫作品展览交流活动、综合商务展示活动、国际动漫音乐LIVESHOW、痛车展示活动、游戏区主题竞技活动、手机游戏平台展示及产品发布体验、创意动漫绘画展，甚至活动组委会将邀请到日本，中国香港、台湾及大陆知名漫画家亲临活动现场，与来自全球的动漫爱好者见面及现场互动签名，为动漫游戏活动带来明星效应，为展会博览活动增添一道亮丽的风景线！

在赵胤苏看来，这九大部分展览皆展示了领域内顶尖的动漫作品，是极专业的动漫展示。此外，本次动漫艺术节上还将举行一系列在其它动漫节上很难看到的互动活动、学术交流活动，让观众在参与的过程中，体味不同一般的非凡漫画感受。

至于推动，赵胤苏说，在本次展览中，他更为关注的是同人原创的动漫作品，“这些作品虽然还不能与迪斯尼、骨头社、吉卜力等知名大公司出产的动漫作品相提并论，有些作品甚至还从未进入过主流视线，但从他们独特的艺术语言、创新的构思设计中却让人看到中国动漫的未来。虽然他们现在藉藉无名，但借动漫艺术节，他们也许会成为像沃尔特·迪斯尼、宫崎骏那样的动漫大师。”除了为代表中国动漫未来的“潜力股”提供展示作品的平台外，赵胤苏说，本次动漫艺术节对于动漫产业的推动作用还在于，展览目前已吸引了来自海内外众多资深动漫导演、制片人及动漫制作公司参与其中，他们将会给许多动漫作品带来“精加工”的机会，对国产动漫、成都动漫业的发展起到潜移默化的推动作用。

创新是赵胤苏对本次动漫艺术节最大的希望。因为作为一种艺术，不断日新月异，才能集聚更多的观众，才能获得旺盛的生命力。本次动漫艺术节的独特之处还在于，它以普通大众的视野规划展览内容，力图让观众通过观展逐渐看得到、看得懂真正的动漫，从而改变对动漫的最初印象：原来动漫不只是喜羊羊或灰太郎，它更是一种纯粹的创新艺术。

赵胤苏希望将这些独特性贯穿于今后每一届的动漫艺术节中，将这一文化现象打造成文化品牌，真正将成都动漫艺术节推向国际。

D

创意活动

2014成都创意设计周

创意成都，美好生活

——2014成都创意设计周

超过5万平方米的展览会上展出各种稀奇的创意设计产品，百家博物馆、艺术馆免费或优惠开放，国际知名大师设计城市公共设施，美化我们的生活……“2014成都创意设计周”活动即将于10月1日至14日在成都举办，该活动将打造成为示范性和实践性兼具的高水平创意设计盛会。成都市力求以此为契机，推进文化创意和设计服务等新型、高端服务业发展，促进与实体经济深度融合，从而推动“成都制造”向“成都智造”、“成都创造”转变，助推经济转型升级。

本届创意设计周以“创意成都，美好生活”为主题，将由成都市博览局、文化局、广新局、旅游局、商务局等多部门和区（市）县整合优势资源通力协作，通过举办成都创意设计产业展览会、2014中国文化产业新年论坛成都峰会、双百创意总动员、全球彩绘大熊猫、创意成都奖、大师设计成都、2014联合国教科文组织创意城市网络成都会议、成都艺术品保税仓库揭牌仪式等8大活动，发布《成都市文化创意和设计服务与相关产业融合发展行动计划（2014—2020）》。

据活动组委会负责人介绍，按照计划，“成都创意设计周”活动自2014年开始，将每两年举办一届。成都将学习借鉴“米兰时装周”、“戛纳电影节”、“威尼斯双年展”的举办经验，致力于将其打造为永不落幕的盛宴，形成成都又一个百年品牌。同时把这一活动打造成具有国际知名度的城市品牌活动和国际文化经贸交流平台，具有研发孵化成果转化功能的产业平台，具有为民、惠民、乐民价值的民生公共服务平台，为成都市和四川省乃至中国西部的产业转型升级加速，让全国和世界范围的企业找到投资成都的“洼地”，让年轻人找到更丰富更有前景的就业、创业途径。总之，力争通过两年一届的持续举办，把成都打造成享誉中外的创意之都。

下面，我们就先睹为快，来领略创意设计周的8大活动以及重头活动“双百创意总动员”，来一次精彩的创意视觉盛宴。

1

2

3

4

5

6

7

8

9

10

1.大熊猫　2.金沙　3.宽窄巷子　4.都江堰—青城山　5.蜀锦蜀秀
6.锦里　7.杜甫草堂　8.武侯祠　9.西岭雪山　10.川剧

2014成都创意设计周“8+1”活动综述

2014成都创意设计周“8+1”中的“8”是创意设计产业展览会、2014中国文化产业新年论坛成都峰会、双百创意总动员、全球彩绘大熊猫、创意成都奖、大师设计成都、2014联合国教科文组织创意城市网络成都会议、成都艺术品保税仓库揭牌仪式8大活动；“1”是发布《成都市文化创意和设计服务与相关产业融合发展行动计划（2014—2020）》。

成都创意设计产业展览会

成都创意设计产业展览会是首届成都创意设计周“8+1”活动之一，于2014年10月11日至10月14日在世纪城新国际会展中心举办。展会以“创意成都，美好生活”为主题，定位于产业呈现、产创互动，重点展现文化创意和设计服务与相关产业融合发展，集中展示文化创意和设计服务产业的作品与产品，展示产业发展环境，整合产业各类资源，搭建产业合作平台，推动创意设计作品向产品转化，促进成都市文化创意和设计服务产业加快发展。展会是成都市首次由政府主导举办的大型文化创意和设计服务产业展会，是今年成都市重点培育的特色展会。展会展览面积4万平方米，预计参展作品、产品5000件，专业观众1万人次、普通观众10万人次。展会分为创意体验馆、创意生活馆、游戏体验馆和动漫创意馆。创意体验馆是本届展会的核心展馆，由创意主题馆和创意设计周“8+1”重点活动的获奖作品展组成。其中创意主题馆为一次大胆的尝试和创新，面积近两千平方米，借鉴世博会主题体验馆的模式，依托当前先进的专业高科技声光创意技术，通过文化与科技相融合的理念，以强烈的视听冲击力让观众和市民近距离感受创意设计的魅力（图为创意主题馆）。

双百创意总动员

双百创意总动员活动是2014成都创意设计周“8+1”活动的重要组成部分，该活动将围绕“创意成都，美好生活”的主题，于2014年10月1日至14日开展，活动期间将免费或优惠开放成都市100家左右的民间博物馆、美术馆、艺术馆、创意聚集区、艺术机构，并在这些地方举行100场左右的创意设计活动和论坛。

双百创意总动员活动旨在让广大市民增进对“创意”的了解，激发市民特别是青少年对“创意”的参与激情，让“创意设计艺术”走向市场，回归生活，形成“生活美学”，提高人文水准，激活成都已有文化创意资源，展示成都厚重文化创意底蕴，弘扬中国梦与社会主义核心价值观，推动成都文化惠民建设，促进创意文化产业与其他产业的融合发展。

双百创意总动员活动分布在成都市18个区（市）县，分为历史文化、创意设计、科技教育、红色文化、生态农业、雕塑画作、染织蜀绣共7大类，涉及工业、旅游、服装贸易、餐饮、动漫、艺术设计等众多行业，针对普通市民、上班族、大中小学生、残疾人等多个群体。

全球彩绘大熊猫

作为2014成都创意设计周重要活动之一的“全球彩绘大熊猫”活动，于2014年7月14日正式拉开了成都熊猫文化与世界对话的序幕。活动以大熊猫为媒介，让五湖四海的朋友像亲近大熊猫那样亲近成都，亲近这座有着3000多年历史、传统与现代交相辉映的魅力大都会。

活动以面向全球征集大熊猫“51”彩绘作品为中心线索，通过了“创意·成都”、“国际·成都”、“Can Do·Chengdu”、“品质·成都”四大主题板块，在国内外开展了丰富多彩的系列主题活动，以此面向全球展示成都作为一座崛起中的创意设计之都的品质与活力，传播和树立成都作为中国熊猫之城、西部发展新引擎的城市品牌，让世界想到“彩绘大熊猫”就记起“成都创意设计周”，提起“成都创意设计周”就谈到“彩绘大熊猫”，让大熊猫成为世界知名城市标识，成为中国成都的又一张全新城市形象名片。

本次“全球彩绘大熊猫”活动也吸引了国内外众多艺术家的积极参与。中国第一座毛主席全身雕像的作者、中国著名雕塑家叶毓山先生，在第一时间以成都大熊猫繁育研究基里名为“51”的大熊猫为原型，创作了大熊猫雕塑作品，并邀请全世界的朋友进行彩绘创作。著名画家、金水墨山水创始人李金远，著名当代写实绘画家东方腾弘，著名现代工笔画家陈启明等艺术家，也以大熊猫为题材创作了多幅优秀作品，并赠送给创意周组委会。法国知名画家Pierre de Michelis，荷兰知名画家Niels Smits van Burgst，法国当代知名画家Florent Burgevin，法国

里昂女画家Cathy Harley和Marie Roux，意大利时尚协会主席Mario Boselli，清华大学美术学院副院长苏丹以及美国、澳大利亚、新加坡等16个友城国家的艺术爱好者们，也积极参与到彩绘大熊猫创作中，以艺术力量表达对成都创意设计产业发展的支持，同时也为成都沉淀国内外创意设计产业源头资源，奠定了良好基础（上页三张熊猫图依次为：叶毓山手稿、东方腾弘捐赠作品《初升的太阳》、陈启明捐赠作品《大欢喜》）。

创意成都奖

2014年7月29日，作为2014年首届成都创意设计周“8+1”项目之一的“创意成都奖”活动向全球发起征集令，邀请来自不同地区、各行各界的创意设计达人秀出个人或团队的优秀创意作品以角逐“创意成都奖”。这是中国中西部地区目前最大规模、规格最高、最有影响的创意设计大奖。该奖项对成都创意产业影响力与知名度的打造、塑造成都创意品牌新形象有至关重要的作用，甚至对成都创意产业发展具有划时代意义。2014年10月，伴随着2014成都创意设计周拉开大幕，作为此次创意周的重头戏“创意成都奖”也同时颁发。

此次打破国内多项规格的“创意成都奖”设置为两大类共12个奖项，单个奖项奖励金额加配套扶持政策最高达百万，总奖金额将突破千万，旨在激励创意人才的热情，推出具有成都特质的创意设计。其主题是“有成都地方特色或引领国际潮流的、与自然友善的、低碳环保的”作品。奖项设置包括设计类、创意类两大类奖项，其中设计类包含6小类奖项，创意类包含6小类奖项。每个奖项分设金奖和银奖两个级别，总共24个奖项，除了传统的设计奖项外，更增加了生活美学、新媒体等领域奖项，其涉及范围之广、涉及领域之多实属罕见。

大师设计成都

“大师设计成都”项目作为2014成都创意设计周“8+1”活动之一一直倍受关注，该项目的核心内容包括“设计美化生活——大师设计成都公共设施”以及“设计创新价值——全球创意设计TOP100作品展”两部分。活动旨在借助2014成都创意设计周的平台，引入国际化视野，助推成都制造业转型，用设计改造产业。

“大师设计成都”项目向全球征选10位具有国际影响力的创意设计大师以“生活美学”为主题，以成都城市公共设施为素材设计，以国际先锋创意设计的视角创作具有鲜明特色的个人作品，形成对成都公共设施的系列创意方案与作品，用创意改变城市，让更多成都人了解国际设计师，把创意设计带到与人们密切相关的生活之中，形成真正的创意之都氛围，实现触手可及的艺术。

作为“大师设计成都”项目内容的一部分，“全球创意设计TOP100作品展”将涉及众多产品领域，征选100件具备国际顶级水平的创意文化设计产品，大到汽车机械，小至杯子碗碟，以及精彩的视觉包装、全新的交互体验都包含其中，这些作品既具备了国际一流的设计理念与手法，同时能产生改变生活、创造价值的力量。

成都艺术品保税仓库揭牌仪式

作为本届成都创意设计周系列活动之一，成都（西部）文化艺术品保税仓库（以下简称“艺术品保税仓”）将在成都创意设计周期间举行揭牌仪式。该艺术品保税仓于2014年经成都海关批准设立，位于成都东湖公园，总建筑面积3000多平方米，包括保税仓储区、保税展览区、海关监管办公区、艺术家交流中心四大功能区，后期将配套建设文化艺术品保税园区，形成集艺术品保税展示、仓储、交易、物流、担保、租赁、税收、金融等全产业链的国际化综合服务运营平台。该项目是继京沪后又一试行艺术品保税交易的重点文化产业项目，借鉴了国内外自贸区、艺术品保税仓库成熟的运营机制和先进管理经验，并结合成都本地产业特点，面向中国西部打造的一个“境内高品质文化艺术品走出去、境外高品质文化艺术品走进来”的通关交易通道，是为成都乃至西部文化创意产业的加快发展进行创造性探索的中国西部首个国际性艺术品交易平台。

艺术品保税仓正式运营后，将长期邀请和接受备受国际市场青睐的名家名品，实现文化艺术品展览推介、一线拍卖、保税交易等服务常态化，为服务区内的文化艺术品供需双方以及经纪机构等提供通道服务和咨询服务。随着配套功能的进一步完善，艺术品保税仓未来还将推出艺术品鉴定、估值、修复等系列服务，并定期举行文化艺术公益展示、艺术普及教育活动，为市民提供欣赏高雅艺术的载体，搭建惠民、乐民的民生公共服务平台。

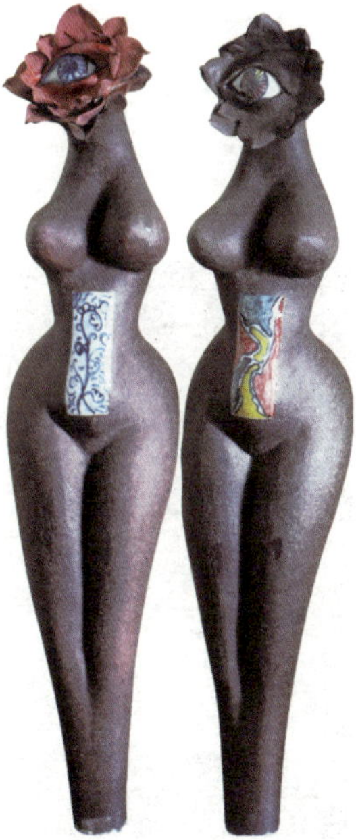

2014年创意城市网络成都会议

2014年创意城市网络成都会议（第八届联合国教科文组织创意城市网络大会）于2014年9月26日至29日在成都举行。该大会是全球创意城市交流平台，2008年开始每年举办一届，今年是首次在中国成都举办。

这次全球创意产业盛会在成都举办，对于成都抓住国际发展潮流和先机，大力推动创意产业发展，加快建设国际化城市意义重大；有利于成都进一步建设国际美食之都，推动川菜进一步走向世界，推动成都美食创意产业在与全球的高度融合中更快发展，打造“服务西部、面向全国、走向世界”的现代服务业基地；有利于广泛增进国际创意资本和人才进一步认识成都、认识西部、认识中国，并加快向其聚集。

大会主要内容包括开幕式，专家主题演讲，创意城市全体代表会议，文学、电影、音乐、民间工艺、设计、媒体艺术专题分组会（均由活跃在国际创意界不同领域的知名学者和专家作为主持人和演讲嘉宾）。大会同期还将举办第十一届中国国际美食旅游节·国际美食之都2014高峰论坛，为全球美食之都城市的国际交流与合作搭建优质平台。

2014中国文化产业新年论坛成都峰会

2014中国文化产业新年论坛成都峰会暨成都创意设计头脑风暴系列活动计划将于2014年10月11日在成都世纪城国际会议中心举办。峰会将以成都创意设计周“创意成都，美好生活”为主题，以“文化与生活：社会设计与公共创意”为主要学术议题探讨文化社会的形成为我国文化产业的发展带来的新契机，聚焦如何以创意提升社会生活内涵以及生活美学如何为创意产业注入活力，推动中国创意走向世界的新课题，为中国文化创意产业的未来发展集思广益。活动由北京大学主办，成都创意设计周组委会、北京大学文化产业研究院承办。该峰会系列活动共分成一个主论坛和三个主题论坛，主论坛围绕最新文化创意产业政策与“社会设计与公共创意”这个主学术议题展开。三个主题论坛是同时进行的平行论坛，分别以“公共创意与文化市场”、“创意城市与文化生态”、“故事驱动与原创力”为主要议题进行。

“公共创意与文化市场”主题论坛将邀请政产学界专家学者一起就建立健全现代公共文化服务体系、现代文化市场体系给予聚焦研讨；“创意城市与文化生态”主题论坛邀请国内外创意城市代表以及知名专家学者研讨创意产业和创意经济，以创意设计和文化创新为重点，结合实际情况，探讨发掘符合中国城市尤其是符合成都实际的城市发展路径；“故事驱动与原创力”主题论坛邀请工业设计或创意设计大师现场演讲，并与参会代表对话互动，讨论故事驱动与设计原创力，加快由“中国制造”转变为“中国创造”。

双百创意总动员24个“精典”活动综述

1. 活动名称：生态——2014成都蓝顶艺术节雕塑展

承办单位：蓝顶美术馆

活动地点：成都市三圣乡荷塘月色雕塑展示区

当雕塑和非雕塑的界限、人工和自然的界限开始被打破，雕塑和自然的关系出现了转折性的变化。在与自然、环境的融合中，雕塑越来越明显地出现了大地艺术、景观艺术、生态艺术等各种新的方式。雕塑面向自然的回归，成为当代雕塑新的方向。2013年白鹭湾湿地及荷塘月色景区的成功打造，使成都获得了很高的知名度并产生了较大的社会影响力，它们已经成为了成都的一张生态名片，以及重要的假日休闲场所。2014年春，锦江区委、区政府将自然生态与文化艺术进一步结合，在荷塘月色修建锦江湿地蓝顶雕塑展示园。该建筑由著名建筑师刘家琨亲自指导设计。并且，蓝顶艺术家们将通过一系列公共活动的参与，将蓝顶艺术区文化功能外化以服务大众，而周春芽、何多苓、刘家琨等著名艺术家、建筑师也在积极投入此项工作。

2. 活动名称：成都浓园创意季浓园国际艺术村A区、B区

承办单位：成都浓园国际艺术村

活动地点：A区：成都市簇桥武侯大道新苗村5组

B区：成都市武侯大道三河段20号

浓园国际艺术村A区，占地160余亩，共有建筑70余幢，已有36家机构入驻，吸引了程丛林、梁时民、林跃等200余位著名艺术家在此设立工作室，浓园国际艺术村B区天艺村集餐饮、娱乐、休闲、美术馆、博物馆于一体，已举办各类型展览100余场，藏品已达3万余件。浓园已经成为成都市、武侯区市民休闲娱乐的重要出游目的地。浓园从各个角度、层面，以各个方式联合大专院校、画院协会、艺术机构，结合产业链上的企事业单位同步参与联动，从艺术孵化到艺术教育、岗位培训、艺术品销售、衍生品开发、旅游纪念品联动、旅游特色产品开发、服务性岗位设置等各个方面将艺术到文化产业链条进行落地实施和深度对接，并将传统形态的互动项目对接到艺术品欣赏、鉴赏、收藏的文化链条中来。

3. 活动名称：成都浓园创意季

承办单位：成都浓园国际艺术村

活动地点：成都市双流县金河路四段白河公园·浓园艺术生活体验馆

天艺浓园艺术生活体验馆是依托浓园国际艺术村创作基地、天艺村文化公众交流平台由成都浓园文化艺术传播有限公司倾力打造的创意型文化艺术生活体验实体，园区内开放面积2000平方米，是融合了艺术展览、文化交流、文化休闲、文化讲堂、文化传播、文物鉴赏等门类的综合性创意艺术体验场馆。此次活动以文化艺术体验为主题，分为8个主要板块：国画鉴赏、国学讲堂、茶道文化、香道文化、油画鉴赏、西方文化、红酒文化、雪茄文化。通过对东西方文化艺术形式的总结将艺术生活化、细节化融入到园区的文化氛围倡导过程中，将文化艺术以讲解和感受同时进行的方式提高参观者艺术品位，使其充分感受艺术品对修养情操的感染力，从而倡导一种全新的生活方式和精神品位。

4. 活动名称：梵木艺术馆创意设计作品展

承办单位：成都市丙火创意设计有限公司

活动地点：成都市锦江区金象寺199号（梵木艺术馆）

梵木艺术馆，是由丙火创意产业机构自主设计、研发、生产的高端实木艺术家居品牌，为诸多知名酒店及旅游景区提供空间设计及家具定制服务。通过国内外知名艺术家和设计师入驻及与国际艺术院校的合作，进行创意的研发，并与国际知名品牌联动，最终打造含创意产品发布中心、创意展馆、艺术衍生品创作交易中心一体的创意展示、营销平台。同时，梵木艺术馆还以创建大众体验的艺术文化公共平台为目的，整合社会资源，通过创意研发、创意展示、艺术交流，将其打造成为辐射西部的城市创意聚集地和公共艺术平台。馆内先后举办了"此方世界"国画展、第三届"成都纵目摄影双年展"、捷豹新品发布会、Cookin'Chengdu音乐节、文华墨韵——邵秉仁书作展、成都力量第一季音乐艺术节等大型文化艺术活动，获得一致好评。

5. 活动名称："少城有明堂"创意设计生活节

承办单位：成都明堂盛世投资管理有限公司

活动地点：奎星楼、小通巷为主的文艺青年聚集街区

在本次活动中，主办方通过将各项活动有机的植入进奎星楼、小通巷这两条文艺青年聚集的街区，以文创展示、文化活动、学术交流、装置艺术、创意市集等多元丰富的艺术计划，拉动公众参与，静态展示与动态活动穿插组合，形成具备艺术感形式的趣味化呈现。本活动主题有：城市——文化创意的缘起，以城市和文化创意的关系深入思考设计，通过组织策划多元化的文创类型项目，带动城市区域活力，提升城市人文属性，建立独特的城市性格。期间将集结以少城区域为主的人文、艺术、创意等文创力量，开展以少城奎星楼"明堂青年文化创意中心"为核心场址的城市级文创活动。

6. 活动名称："艺术回到生活现场"原创设计艺术大展

承办单位：许燎源现代设计艺术博物馆

活动地点：成都市锦江区三圣乡红砂联合3组303号

许燎源现代设计艺术博物馆，坐落于国家AAAA级旅游区——成都三圣乡，是全国首家设计艺术类私人博物馆，以我国著名设计艺术家许燎源先生的名字命名。博物馆一期工程总占地面积约23亩，建筑面积近7000平方米，其中各类展厅面积约4500平方米，主要展示许燎源先生的酒类包装设计代表作、不锈钢装置艺术品、陶瓷艺术品、雕塑、概念家具、意识流水墨画及油画等。现在，博物馆已从单纯的展览设施，成功转型为集参观游览、设计开发、学术研究、艺术品销售、休闲娱乐于一身的综合性艺术创想体验中心。除长期展示许燎源先生个人作品外，博物馆还不定期开展各种门类的展览、论坛、讲座、沙龙等文化活动，以展示国际国内新兴的设计成果，反映当下最前卫的艺术思潮，拉近大众与艺术的距离，并为专业人士提供高端的学术交流平台。

7. 活动名称："秋色汇"文化艺术创意展

承办单位：成都文旅集团彩灯文化分公司

活动地点：成都市青羊区光华大道二段601号非遗博览园花卉园

成都市首届"秋色汇"文化艺术创意展在突出成都元素创意花卉美景、打造独一无二惊艳景致的同时，深入挖掘"创意和秋色"的文化内涵，突出文化活动创意、时尚、现代的特色。文化活动包含贯穿整个游线的互动游戏"全民游园大闯关"、举办创意插花和盆栽大赛，特邀韩国著名花式发型设计师李成范教授和靓丽模特共同打造的"织与花"时尚创意秀、"韩流风尚"流行文化演出周、"金色花季"专场主题音乐汇，并携手世纪佳缘网站举办"非诚勿扰"全民相亲总动员的大型交友活动。通过成都市首届"秋色汇"文化艺术创意展的开展，建立市民充分享受、交流和分享传统文化艺术的活动平台，展示蓉城金秋花开的美景和金秋时节来到的美好情感，彰显"美丽成都"、"创意成都"的城市风貌，更传递出蓉城市民乐活健康、蓬勃发展的精神面貌。

8. 活动名称：创意·教育总动员

承办单位：金牛区教育局

活动地点：茶店子小学、人北小学、成都市青少年活动中心、张家巷小学

本次活动由成都市教育局主办、金牛区教育局承办，是成都乃至全国首次专门立足于激励和培养创意人才的重要活动。旨在通过内容丰富、形式多样的活动，在广大市民及师生中培植创意教育土壤、播撒创意教育种子、探讨创意教育方法、发现未来创意人才、提升创意素养；同时让全市人民进一步了解教育、参与教育，让广大师生的创意火花得以呈现。本活动内容有：一、创意教育论坛：邀请知名创意教育专家与师生、家长面对面，现场探讨孩子创意思维培养方法。小小创意人才现身说法，讨论孩子们看的是什么、要的是什么、最容易接受的是什么样的教育。二、中小学生创意作品展览：举办以“创意·教育——未来的翅膀”为主题的创意作品展。三、学校特色活动：活动点学校将分别展示建模、布艺木偶、科创等创意特色教育成果，开展创意生活讲书活动、创意作品跳蚤市场、创意·教育手拉手活动等特色活动。

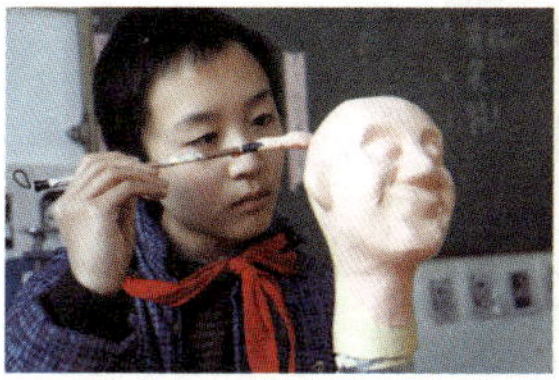

9. 活动名称：I BOX·爱创意·爱成都

承办单位：成都知识城爱盒子文化传播有限公司

活动地点：锦江区东大街18号2层101号

成都IBOX爱盒子创意基地将整合北欧、英国、荷兰、日本，中国台湾等国际知名设计展、文创展演、建筑设计、艺术表演等多元创意设计资源，举行"I BOX·爱创意·爱成都"系列活动，为2014成都创意设计周献上一场国际化的跨界创意互动活动。不仅促进成都与世界创意设计的交流对话，也让创意设计融入市民的休闲生活。其主要活动有：一、设计未来城市——丹麦INDEX设计大奖世界巡展成都站；二、有梦想·敢创意——I BOX创意剧场：以I BOX入驻的国内外创意机构为主角，同时邀请荷兰，中国台湾及成都的知名艺术家，通过跑酷、舞蹈、音乐、设计、走秀、绘画、书法等跨国界、跨文化、跨行业的创意表演，动态演绎"有梦想、敢创意"的生活态度，增加创意艺术与市民参与互动性；三、创意引擎，文化之心——锦江区2014创意改变城市论坛：邀请到国内外城市运营专家、相关政府部门领导、全球著名设计师等，以主题演讲、主题对话、高端访谈等形式，研讨创意设计如何与产业融合及升级；四、建筑的活创意——英国建筑联盟学院创意建筑模型秀：由当今世界排名第一的建筑学院英国建筑联盟学院携手成都建筑系高校学生，以"未来建筑"为主题，在I BOX创意基地现场进行建筑模型创意秀。

10. 活动名称：李金远金水墨艺术新闻发布会、艺术展暨研讨会

承办单位：四川师范大学美术学院

活动地点：主展场：成都美术馆（四川师范大学东区美术学院）

分展场：天府新谷10号楼李金远艺术工作室

四川师范大学美术学院将推出“李金远：金水墨艺术新闻发布会、艺术展暨研讨会”，并同步举办“2014创意成都·视觉艺术大赛”。李金远是四川师范大学美术学院教授、四川省高校师资培训中心导师、中国美术家协会会员、泰国皇家师范学院荣誉博士、法国图鲁兹市荣誉市民。李金远教授独创的“金水墨山水”，是他坚持“以自然为母，以道教为魂，以创新为法”，以关照自然、人文、环境为主题，将中国水墨元素与西方油画技法融为一体，创作出来的具有老子“天人合一”境界和独特的东方阳刚之气的艺术形式。此次展览和研讨会分别在四川师范大学美术学院的成都美术馆和成都天府新谷10号楼李金远艺术工作室同步举行。其中加入了对于艺术与城市亲密关系的讨论，以调动城市民众、艺术爱好者、美术学院学生、科技孵化企业精英对于艺术的关注，并力邀中国著名美术评论家、著名画家、策展人和企业家共同参与学术研讨会，为“金水墨艺术”的当代价值和大力传播展开创意的头脑风暴，形成一次“艺术与城市、生活的对话”。

11. 活动名称：动漫文化节

承办单位：成都市新闻培训中心

活动地点：成都市成华区建设南支路1号东郊记忆

东郊记忆是一个文化创意集合体，是一个集合了多种文化形态的多元文化产业园区，拥有与动漫相得益彰的文化气质和商业氛围。现在，东郊记忆已经成为动漫爱好者的天堂，各大知名动漫协会、联盟均与东郊记忆建立合作关系，东郊记忆也将行业试探转变为行业引进，而成都传媒集团作为东郊记忆强有力的后援势必为西南区域动漫产业带去更大的拓展空间。本次动漫展主办方为成都传媒集团东郊记忆、中国西部动漫产业振兴基地，其活动内容相较于常规动漫展还增设更多特色板块，打破了动漫展局限于同人交流、COSER摄影、动漫明星见面会的定局，将更多边缘文化加入活动。“打造动漫主题活动”——动漫经典形象的主题灯会、经典动漫歌曲的演出秀、动漫主题庙会祭奠；“创意摄影展及COSPLAY动漫创意摄影展大赛”，为动漫爱好者带去福利。

12. 活动名称：2014FUN成都动漫节暨创意主题秋日祭

承办单位：成都市广告创意产业运营管理有限公司

活动地点：成都市昭忠祠街89号（成都国家广告产业园B期）

本次活动旨在激发青少年、广大市民对创意设计的理解、热情和活力，更好地推动创意文化产业发展。主要内容有：一、2014四川青年广告创意主题设计大赛颁奖仪式暨作品展：以"四川青年广告创意主题设计大赛"颁奖仪式为主，同时将在现场展示"四川青年广告创意主题设计大赛"优秀获奖作品，把更多设计、公益、文化的内容通过本次大赛优秀作品进行现场展示，作品以"社会主义核心价值观"、"诚信经营"、"廉洁文化"及"文明环保"等公益性主题；二、游戏动漫集市：拟把动漫原创手工产品及二手收藏"跳蚤市场"结合，支持交换、出售自己收藏的二手游戏、动漫产品的个体，严拒直销、批发类商家进场等；三、经典游戏动漫LIVE：将邀请日本、泰国、韩国等多国知名的音乐人、COSER，国内知名动漫乐队共同参与本项盛会，以打造活动的国际化水平等。

13. 活动名称：成都新青年艺术周·南湖站

承办单位：成都早上好文化传播有限公司

活动地点：天府大道南湖旅游度假区

成都新青年艺术周·南湖站是“2014成都创意设计周·双百创意总动员”天府新区唯一的“精典”项目活动，作为一次非营利性的大型跨界艺术节即将于国庆黄金周在华阳南湖度假风景区隆重开幕，免费对公众开放，意在推动成都创意产业发展，引导青年就业取向，增加就业机会，展示成都本土创意设计师和青年艺术家的优秀作品，构建公众艺术教育平台。成都新青年艺术周·南湖站的活动单元包括绘画展、创意影像展、摇滚音乐节、古典音乐会、艺术沙龙、儿童绘画慈善义卖、舞台剧、街头艺术及创意市集等。此次艺术周活动经过前期的精心策划筹备，旨在成都成功举办一次为期12天有品质的大型艺术节，以跨界、多元、新锐为核心理念，得到政府文化单位和广大市民的喜爱和认可。目标观众群体覆盖不同年龄层，最大力度地推动公众艺术教育，提高广大市民的参与积极性。

14. 活动名称："让爱成就梦想"梦之易分会场

承办单位：成都市青羊区梦之易文化创意中心

活动地点：成都市青羊区下同仁路19号分A、B场馆

成都市梦之易文化创意中心是首批国家、省、市级残疾人职业培训就业基地，成立了残疾人平面设计、动漫游戏、三维设计、影视广告四大中心。梦之易致力于打造全国首家残疾人文化产业学院，首个残疾人文化创意产业园，助推残疾人文化创意事业的发展。展场将通过：五大区域、六类项目、三项活动进行残疾人文化项目展示。五大项目：残疾人文化创意作品展示区、残疾人文化创意产品义卖展示区；爱心现场洽谈区、文化助残论坛讲座区、休闲驿站互动区。六类项目："让梦起飞"展示残疾人平面设计，漫画设计，建筑效果图作品；"逐梦创想"展示残疾人影视动画，建筑动画，影视广告作品；"圆梦之旅"与残疾人在创意策划，设计，交流，圆创意设计梦 ；"爱之体验"展示残疾人3D虚拟现实及相关互动作品；"让爱传承"展示残疾人创意产品并义卖；"爱之汇报"与四川电视台，设计院，房产公司现场签订协议。三项活动："爱之互动"展会中通过二维码投票的形式，评选残疾人"创意之星"；"爱之舌尖"展示，品尝残疾人爱心厨房提供爱心快餐；"爱之捐赠"集中募集项目方式支持残疾人文化创意事业的发展。

15. 活动名称：2014第五届西南地区高等院校艺术毕业生联展及系列艺术活动

承办单位：成都贝森文化发展有限公司

活动地点：成都青羊区贝森北路5号18楼西村艺术空间

西村艺术空间创办于2009年10月，定位于全国首个“平价艺术市场”，亦是创新文化商业社群成都西村的重要组成部分。空间遵从艺术总顾问栗宪庭的理念，以平价的方式经营具有原创精神的艺术作品，支持中青年艺术家发展，推动大众艺术普及和社会精神文明建设。至今，西村艺术空间已签约职业艺术家近三百名，展销原作艺术作品上千件，并且通过组织一系列展览、学术研讨和培训活动，促进了艺术家之间、艺术家与大众之间的广泛交流。每年一届的“西南地区高等院校毕业生艺术作品联展”（简称“联展”）正是这一理念的集中体现。此次活动将“发掘、推举、选送优秀青年艺术人才”明确为本次展览的宗旨，在前几届“联展”的基础上，筹办“今日·明天 ”精品展以及“昨天·今日”六人对话沙龙展；活动期间，更举办各类沙龙、讲座及艺术公开课，旨在挑选更优秀的青年艺术家，提升榜样力量，并搭建艺术与大众的对话平台。

16. 活动名称：艺家国际艺术节

承办单位：成都艺家文化艺术有限公司

活动地点：成都市高新区天仁北二街299号

艺家本着培养青年艺术家健康成长，促进艺术生态良性循环，推动成都国际文化艺术交流的态度，在成都创意设计周期间，举办艺家国际艺术节。下设三个展览活动，分别为：中非艺术家合作作品展、SAYA菁英国际青年艺术展、艺家国际版画艺术节。其中，中非艺术家合作作品展的主要活动是著名艺术家董小庄先生于2011年策划创意的“艺会五洲”文化交流与文化生存体验项目。2014年的“艺会五洲非洲篇”将邀请南非著名艺术家阿洋达马布鲁到成都与董小庄共同完成这个项目；SAYA国际青年艺术展：“菁英国际青年艺术家支持计划”是由董小庄先生发起并出任艺术总监，以爱心捐赠、公益拍卖、社会资助为主要资金来源，以关注青年艺术家成长、支持优秀艺术人才为宗旨的非营利专项艺术支持项目；成都国际版画艺术节展览——来自约20个以上国家40多名国际著名艺术家的100余幅国际精品版画原作。

17. 活动名称：彭州市工业开发区家纺服装创意设计展

承办单位：彭州市工业开发区管委会

活动地点：彭州市工艺开发区服装产业园区

本次活动的主会场在华茂国际服装产业园示范园与东方米兰D区，占地面积一万平方米，预计近30家服装企业参加本次活动，品牌企业近10家。根据规划，华茂国际服装产业园起步期为2010—2012年，引进童装、家纺、休闲服装、综合服装等企业，经过三到五年的努力，实现从业企业900家，投产企业600家，销售收入约100亿元。华茂第一期示范园占地107亩，已全部完成建设并交付使用，能满足服装企业的研发、生产、产品展示等众多功能，87户服装企业已入驻投产。目前，正在建设的二期项目为“东方米兰”，分为A、B、C、D、E区域进行建设。本次活动的主要内容有：华茂国际服装产业园示范园区新品展示活动、企业创意设计成果展示、成都大学生创意时装设计展、环保材料创意设计竞赛、引领时尚新风尚——资深设计师教你搭配服饰；四川家纺创意馆，展示四川两千年家纺产业发展历程。

18. 活动名称：川菜文化展示、体验、创新与互动活动

承办单位：郫县古城镇人民政府、成都川菜博物馆

活动地点：郫县古城镇（成都川菜博物馆）

成都川菜博物馆位于郫县古城镇，是世界唯一以菜系文化为陈列内容的活态主题博物馆，是国家三级博物馆、国家AAA级旅游景区，新派古典园林风格，内分为典藏馆、互动演示馆、品茗休闲馆、灶王祠、川菜原料加工工具展示区、川菜原料展示区、川菜之魂——郫县豆瓣传统制作工艺展示区等。在2014成都创意设计周活动中，成都川菜博物馆将通过各种古代川菜烹饪器具展示、川菜制作过程教学与展示、创新川菜作品欣赏、川菜烹制互动、川菜专题摄影展、川菜知识趣味游戏等等活动，向观众展示川菜深远厚重的人文历史与川菜和谐包容、富于创新给川菜文化和川菜发展所带来的勃勃生机。

19. 活动名称：建川博物馆聚落展

承办单位：四川建川博物馆

活动地点：安仁古镇建川博物馆聚落

建川博物馆聚落由樊建川先生创建，占地500亩，拥有藏品800余万件，其中国家一级文物329件。博物馆以“为了和平，收藏战争；为了未来，收藏教训；为了安宁，收藏灾难；为了传承，收藏民俗”为主题，建设抗战、民俗、红色年代、抗震救灾四大系列30余座分馆，已建成开放25座场馆，是目前国内民间资本投入最多、建设规模和展览面积最大、收藏内容最丰富的民间博物馆。现为国家文化产业示范基地、国家4A级旅游景区、全国爱国主义教育基地。本次展览有：中医文物陈列展：以中医药文化为主题，以文件、图片、文物、场景等为载体，集中展示我国的中医药文化；地震美术作品展：其所有作品均创作于地震现场或灾难发生后一个月以内，非常时期的非常构思，件件作品饱含热泪、凝聚真爱；长江漂流陈列展：展示了20世纪80年代中期，中国长江科学考察漂流探险这一影响深远重大的活动事件；侵华日军罪行陈列展：以时间为顺序，全程记录了1931年至1945年间日军在侵华期间犯下的滔天罪行。

20. 活动名称：中国女鞋之都创意设计盛典

承办单位：四川西部鞋都有限责任公司

活动地点：成都市武侯区鞋都南路139号中国女鞋之都

中国女鞋之都项目作为成都鞋业产业规划的中心示范区，是由四川西部鞋都有限责任公司与武侯区政府合力打造的“四川省重点建设项目”和“中国西部重点产业基地项目”。该项目涵盖工业、文化、购物、餐饮、娱乐、住宿等多种功能，是集鞋革产业展示交易、产品研发、人才培训、信息资讯及物流运输五位一体的大型鞋革产业平台。在此次活动期间，鞋都公司推出“中国女鞋之都创意设计盛典”系列活动，着力打造中国女鞋之都成为西南轻工设计之都。鞋都充分挖掘创意产业资源，搭建第三产业展示交易平台，促进本土设计人才培育发展，推动“成都智造”、“成都创造”在成都旅游经济及轻工产业方面的持续发展，举办中国女鞋之都创意设计盛典。本次创意盛典由以下三部分组成：“设·界——百名成都本土轻工设计师创意发布秀”、“鞋·艺——成都女鞋创意设计展暨女鞋设计大赛”及“视觉魔术——彩绘创意DIY”。

21. 活动名称：成都创意乡村游

承办单位：成都市旅游产业促进中心

活动地点：相关区（市）县

开展2014成都创意乡村游活动，是为创新发展成都乡村游模式和转变经营方式，整体提升乡村旅游的产业竞争力和市场影响力，实现“以旅促农，农旅一体”的发展新格局，达到“拉内需、促消费、稳增长”的目的。2014年7月初，市农委、旅游局以“美丽乡村生态游，幸福快乐在成都”为主题，首次联合推出葡萄采摘精品线路游活动。8月至10月，两部门又联合推出了“2014成都创意乡村游”活动，通过100个亲子家庭深入100家创意乡村旅游点位（包含美丽乡村、精品现代农业园区、三星级以上农家乐/乡村酒店）体验的方式，为亲子家庭提供一次怡然自乐式的创意互动。

22. 活动名称：四川省首届文化产业项目交易会

承办单位：成都市企业文化建设商会

活动地点：青羊区清江东路360号（峨影1958电影城）

近年，四川省文化产业蓬勃发展，在传媒出版、数字影视、动漫、演艺娱乐、文化产业园区等各领域都涌现出优秀的文化企业和项目。民营文化企业发展迅猛，渴望做大做强。金融、旅游、科技、农业等行业对文化创意的需求持续旺盛。省内各地结合自身资源和优势推出的文化产业项目，呼唤资本的青睐。在这样的背景下，四川首届文化产业项目交易会被市场这只推手推向了前台，并受到文化产业界的高度关注和热烈期待。其主题是“产业融合，共同发展”，强调文化与金融、与旅游、与农业等产业的跨界融合，鼓励文化产业链上下游企业以及文化产业供需双方共同发展。

23. 活动名称：成都城市艺术博览会

承办单位：成都当代艺术协会

活动地点：A. 主题展览：锦江宾馆贵宾楼6楼、7楼、8楼

B. 论坛活动：锦江宾馆会议厅

2014成都城市艺术博览会是西南地区新晋艺术博览会，也是西南地区首个酒店型艺术博览会。来自台湾、上海、北京、深圳、杭州、重庆、成都，以及新加坡等地的40家艺术机构，将于2014年10月10日至13日在锦江宾馆惊艳登场。2014成都城市艺术博览会运用成熟的酒店型博览会模式、透过上海城市艺术博览会的技术支持并召集了两岸及国内外艺术机构的热情参与，在西南地区宣传"艺术与生活融合"的主旨理念。城市艺术博览会以城市为名，以酒店客房为展示单元，以酒店式特有风格将艺术品与生活空间融为一体的展览形式，打造全新的收藏交易理念，呈现博览会的创立宗旨——艺术与生活的对话。本次展会延续上海城市艺术博览会的创办理念，致力于打造高贵不贵的艺术品交易平台，以一贯的宗旨"艺术与生活的对话"，建立高品质高服务的酒店艺术博览会品牌形象。

24. 活动名称：蜀锦文化创意周

承办单位：成都蜀锦织绣有限责任公司

活动地点：A. 草堂东路2号蜀锦织绣博物馆

B. 青羊区家园路9号蜀江锦院（时装秀）

2014成都创意设计周是成都市创意活动的一大品牌，利用成都悠久的历史文化打造文化创意品牌，从而带动成都走向国际化。蜀锦是成都平原的历史产物，起源于春秋战国时期，距今已有两千多年的历史，因产于蜀地而得名。从汉代开始，成都的织锦业名扬天下，朝廷在成都设置“锦官”管理织锦，锦官城附近的“锦里”是织锦工人聚集居住之地，外地生意人船只往返，在九眼桥码头下船，歇息在附近的驿站里，这些驿站被称为“锦官驿”……清末，成都仍有机房2000处，织机数万架，织工4万多人，成为蜀锦的重要产地。成都因历史上盛产蜀锦被誉为“锦城”、“锦官城”，濯锦之江称“锦江”。成都也是我国仅有的一座以“锦”命名的城市，蜀锦已成为成都悠久历史文化的载体和城市名片。目前成都还有几十处街道、建筑因锦而命名，从中可知蜀锦对成都的影响至深。蜀锦文化创意周的举办，有助于了解成都悠久的人文历史，提升成都文化的发展，提升成都文化的软实力，加强成都的营销软实力，促进成都经济的发展。

“2014成都创意设计周——双百创意总动员”活动汇总表

序号	活动名称	活动内容	活动地址	活动时间
1	“少城有明堂”创意设计生活节	1.专题研讨会 2.讲座\论坛 3.音乐PARTY和专题时尚交流活动 4.影像放映季 5.工作坊 6.艺术展 7.公共艺术装置 8.文艺美食 “少城耍安逸”活动 9.创意市集 10.音乐派对 11.影像活动 12.街头青年文化 13.“熊猫耍少城” 相关活动含：论坛、讲解、沙龙、互动、体验	以奎星楼、小通巷为主的文艺青年聚集的街区	10月1日—10月14日
2	“秋色汇”文化艺术创意展	1.“成都颜色”创意美景 2.精品时尚花卉鉴赏展览 3.国际花卉艺术创意博览园 4.创意插花征集大赛 5.创意盆栽 6.全民游戏总动员 7.LIVE舞台剧 8.“织与花”时尚秀 9.文化、科技、动漫展 其他活动：1.韩流风尚舞台表演 2.专场音乐周 3.全民相亲总动员 4.养生食品和茶文化展 相关活动含：论坛、讲解、沙龙、互动、体验	成都市青羊区光华大道二段601号非遗博览园花卉园	10月1日—10月14日
3	蜀锦文化创意周	1.追根述源·锦城的缘来——蜀锦织绣博物馆场景展示 2.巧夺天工·零距离接触非遗技艺——锦绣手工互动 3.锦绣情愫——锦绣生活创意设计展 4.锦瑟年华——时装秀 5.锦绣前程·锦绣创意设计的未来——锦绣创意设计论坛 相关活动含：论坛、讲解、沙龙、互动、体验	1.成都市青羊区草堂东路2号蜀锦织绣博物馆 2.成都市青羊区家园路9号 蜀江锦院（时装秀）	10月1日—10月5日
4	“让爱成就梦想”残疾人创意设计展	1.“让梦起飞”残疾人创意设计图片展（包括平面设计，动漫设计，建筑表现） 2.“逐梦创想”残疾人创意视频作品展（包括影视动画，建筑动画，影视广告） 3.“圆梦之旅”残疾人圆梦互动交流活动 4.“爱之体验”残疾人数字互动体验活动 5.“爱之互动”残疾人创意作品互动评选 6.“让爱传承”残疾人衍生创意产品展示 相关活动含：论坛、讲解、沙龙、互动、体验	成都市青羊区下同仁路19号分A、B场馆	10月1日—10月14日
5	2014第五届西南地区高等院校艺术毕业生联展及系列艺术活动	1.2014第五届西南地区高等院校艺术毕业生联展(精品展) 2.少儿美术教育公开课 3.对艺术学院教育和艺术学院学生就业相关问题的讲座 4.艺术展览沙龙 相关活动含：论坛、讲解、沙龙、互动、体验	成都青羊区贝森北路5号18楼西村艺术空间	10月1日—10月14日

序号	活动名称	活动内容	活动地址	活动时间
6	四川省首届文化产业项目交易会	1.文化金融区 2.文化旅游区 3.品牌营销区 4.城市营销区 5.数字影视区 6.传媒出版区7.动漫游戏展区 8.文化产业园区 9.创意设计区 10.书画区 11.教育培训区 12.演艺娱乐区 13.地方文化产业项目推介区 展会期还有相关配套活动	青羊区清江东路360号（峨影1958电影城）	10月10日—10月12日
7	成都华珍藏羌文化艺术展	1.免费向来馆参观的游客开放 2.安排工作人员向来馆参观的游客进行讲解 3.部分馆藏品制作技艺的活态展示 4.与来馆参观的游客进行互动活动 相关活动含：论坛、讲解、沙龙、互动、体验	成都市文殊坊白云寺街金马巷B12院落	10月1日—10月14日
8	“非遗文殊坊”创意精品荟	非遗精品（竹编、蜀绣、藏羌绣、直却砚等）展示、专题讲座、学术交流、互动体验、优秀创意作品竞买、创意市集等。 相关活动含：论坛、讲解、沙龙、互动、体验	以非遗手工技艺主题为主的青羊区文殊坊街区	10月1日—10月14日
9	“当代水墨，创意丹青”成都画派当代水墨创意精品展与高峰论坛	1.“当代水墨，创意丹青”成都画派当代水墨创意精品展 2.“当代水墨，创意丹青”成都画派当代水墨创意高峰论坛 相关活动含：论坛、讲解、沙龙、互动、体验	成都市青羊区琴台路7号	10月1日—10月14日
10	非遗，你我共传承	1.参观拥有上千项国家级非遗项目名录，上百项世界级非遗代表作的国际非物质文化遗产博览中心 2.优惠体验种类丰富，趣味十足的非遗手工制作，如：陶艺、手绘脸谱、剪纸等，亲自动手感受非物质文化遗产的非凡魅力 3.特别开设非遗知识专项讲座 相关活动含：论坛、讲解、沙龙、互动、体验	青羊区光华大道二段601号国际非物质文化遗产博览园博览中心	10月1日—10月14日
11	“一针一线”推广活动	1.创意产品展示、销售 2.现场手工表演 3.游客手工互动区，DIY制作 4.游客创意设计 5.购买产品赠送区 相关活动含：论坛、讲解、沙龙、互动、体验	宽巷子24号院“一针一线”馆内	10月1日—10月14日
12	汉陶、玉器艺术展	汉陶、玉器艺术展 相关活动含：论坛、讲解、沙龙、互动、体验	成都市青羊区酱园公所街9号、五岳宫街中岳巷	10月1日—10月14日

序号	活动名称	活动内容	活动地址	活动时间
13	系列设计讲座	针对博物馆陈列设计的特点，结合具体案例通过讲座的形式与公众交流 相关活动含：论坛、讲解、沙龙、互动、体验	浣花南路251号	10月1日—10月14日
14	“欢乐童心·放飞梦想”少儿美术创意作品展	1.少儿创想绘画作品展示、2.少儿创意手工展示、3.少儿专业美术作品展示、4.DIY手工体验、5.创意绘画体验课堂 相关活动含：论坛、讲解、沙龙、互动、体验	青羊区二环路西一段179号天翔广场B1楼北门	10月1日—10月14日
15	“世纪巴金”展	主要展示巴金先生笔耗不辍、坦荡清凉、胸无宿物、言行如一的生涯 相关活动含：论坛、讲解、沙龙、互动、体验	成都市芳邻路3号百花潭公园内慧园	10月1日—10月14日
16	2014成都创意设计周“创意·教育总动员”	1.“创意·教育总动员”活动启动仪式及“创意·教育世界的翅膀（或未来的翅膀）”——成都市教育局中小学创意教育论坛 2.“创意·教育总动员”特色系列活动 3.网络博物馆/美术馆	茶店子小学（金牛区育德路39号）；人北小学（成华街4号）；成都市青少年活动中心（星科北街66号）；张家巷小学（张家巷40号）	9月3日、10月1日—10月14日
17	成都巨民木艺根雕展示	1.精品金丝楠古典家具展 2.木艺根雕展 3.茶艺表演 4.名家字画展 相关活动含：论坛、讲解、沙龙、互动、体验	成都市营门口路278号	10月1日—10月14日
18	国际魔术节	相关活动含：论坛、讲解、沙龙、互动、体验	华侨城欢乐谷	10月1日—10月6日
19	《雷曼不死》话剧展演	相关活动含：论坛、讲解、沙龙、互动、体验	华侨城欢乐谷	10月7日
20	石刻艺术展	艺术作品、获奖作品、百年民俗展 相关活动含：论坛、讲解、沙龙、互动、体验	都江堰西街160号朱成美术馆	10月1日—10月14日

序号	活动名称	活动内容	活动地址	活动时间
21	成都市九里堤遗址公园	九里堤遗址、诸葛庙 相关活动含：论坛、讲解、沙龙、互动、体验	群星路口与九里堤北交汇处	10月1日—10月14日
22	园林艺术展	相关活动含：论坛、讲解、沙龙、互动、体验	金牛区金泉路8号	10月1日—10月10日
23	千年古陶瓷精品展	以收藏、教育、培训、研究、开发利用为一体的综合性大型历史民办博物馆	成都市三洞桥路2号	10月1日—10月14日
24	成都浓园创意季	1.大师面对面开放季（大师现场创作欣赏、现场互动交流 2.海瓷蜀缘（海瓷绘画创作季） 3.陶里淘气（茶陶、陶艺DIY、茶艺） 4.古蜀新韵（成都旅游特色创意季）：a.蜀色古服（艺术家、市民脸谱绘制表演传统的川剧变脸、艺术作品衍伸服饰秀）b.美艺美食（蜀人日常生活及典故为题材的创意菜品设计、酒文化展示） 相关活动含：论坛、讲解、沙龙、互动、体验	1.浓园国际艺术村A区：成都市簇桥武侯大道新苗村5组 2.浓园国际艺术村B区天艺村：成都市武侯大道三河段20号	10月1日—10月14日
25	中国女鞋之都创意设计盛典	1.设·界（百名成都本土轻工设计师创意发布秀） 2.是鞋，是艺术（成都女鞋创意设计展暨女鞋设计大赛、网上互动、手稿创作、设计品打版、鞋文化馆展览会） 3.视觉魔术（轻工产品创意彩绘、现场拍卖、创意互动） 相关活动含：论坛、讲解、沙龙、互动、体验	中国女鞋之都：成都市武侯区鞋都南路139号	10月1日—10月14日
26	锦里民俗文化展	1元吃锦里、侍女巡演、长嘴壶体验赛、宫廷茶礼仪、川剧变脸等 相关活动含：论坛、讲解、沙龙、互动、体验	成都武侯祠大街231号	10月1日—10月14日
27	少数民族生活用品展	中国西南少数民族生产生活用品、藏族宗教文化、藏族面具等，反映少数民族基本情况和格萨尔文化 相关活动含：论坛、讲解、沙龙、互动、体验	成都市一环路南四段16号	10月1日—10月14日
28	川大文物展	以字画、陶瓷器、青铜器、石刻、少数民族和民俗文物为主共分7个展区 相关活动含：论坛、讲解、沙龙、互动、体验	成都市望江路19号	10月1日—10月14日

序号	活动名称	活动内容	活动地址	活动时间
29	口腔医学展	口腔医学史上重要的纪念意义的物品、书籍、资料 相关活动含：论坛、讲解、沙龙、互动、体验	成都人民南路三段14号	10月1日—10月14日
30	动漫文化节	动漫展、主题灯会、创意摄影展及COSPLAY动漫创意摄影展大赛、创意家具用品展示。 相关活动含：论坛、讲解、沙龙、互动、体验	成都市成华区建设南支路1号东郊记忆内	10月1日—10月14日
31	探索恐龙奥秘	动物化石、铁陨石等自然标本 相关活动含：论坛、讲解、沙龙、互动、体验	成都市二仙桥东三路1号成都理工大学中心花园南侧教学大楼内	10月1日—10月7日
32	国际标榜博物馆群落活动	1.成都龙泉国际标榜AAA景区免费参观、2.标榜博物馆健康生活动方式体验、3.景区特色购物及高档订制服务、4.景区游学与培训、5.大学健康营养餐体验活动 相关活动含：论坛、讲解、沙龙、互动、体验	龙泉驿区同安街道同策路3号四川国际标榜学院内	10月1日—10月14日
33	将泥土变成艺术——陶瓷互动活动	1.“由土而生的艺术”陈列展、2.现代陶艺作品陈列展、3.陶艺互动体验 相关活动含：论坛、讲解、沙龙、互动、体验	龙泉驿区洛带镇老街中街广场	10月1日—10月14日
	成都当代国际玻璃艺术展暨齐盛当代国画作品展	1.2014成都当代国际玻璃艺术展、2.当代国画青年画家原创作品展、3.艺术品拍卖及原创工艺品展销 相关活动含：论坛、讲解、沙龙、互动、体验	龙泉驿区洛带镇老街下街：成都·洛带·中国艺库	
34	走进校园，体验中国饮食文化	1.浏览四川旅游学院的“3A”景区、四川旅游学院的泰森高尔夫学院及练习场 2.参加饮食文化与体验的宣传咨询活动 3.走进学院的全国一流中西餐实验楼 相关活动含：论坛、讲解、沙龙、互动、体验	龙泉驿区龙泉街道红岭路459号四川省旅游学院	10月1日—10月14日

序号	活动名称	活动内容	活动地址	活动时间
35	客家文化陈列与文博论坛	1.客家文化、四川地方陶瓷、广彩瓷器、现代家具及雕塑、道教文化展览 2.客家文化、道教文化论坛、非物质文化展演 相关活动含：论坛、讲解、沙龙、互动、体验	龙泉驿区洛带镇博客小镇土楼	10月1日—10月14日
	走进客家博物馆，走近客家人	1.参观湖广会馆、湖广填四川——历史大迁徙展览 2.姓氏文化、族谱收藏、研究交流、发放《四川客家博物馆图册》纪念册 相关活动含：论坛、讲解、沙龙、互动、体验	龙泉驿区洛带镇老街178号四川客家博物馆（湖广会馆）内	
36	石刻造像与当代绘画艺术的碰撞	1.参观中国古代石刻雕塑艺术，清代民国书法、绘画，当代名人和青年艺术家作品展览 2.爱好者和藏家宣传传播中国古代石刻艺术传统文化，研究、鉴赏活动	成都市龙泉驿区龙都南路576号	10月1日—10月14日
37	龙泉市民艺术节	1.参观市民艺术学校各场馆，并根据课程安排，让游客与我校学员交流 2.可进一步参与课程内容，体验从艺术学习中获得快乐 3.派发宣传册，让游客图文并茂的了解市民艺术学校	市民休闲乐苑（龙泉驿区龙都南路花都酒店斜对面）	10月1日—10月14日
38	杨升庵博物馆	1.升庵桂湖藏品展 2.桂湖碑林碑刻展 3.升庵生平及著述展 4.黄峨生平展 5.桂湖荷花节活动 6.桂湖桂花节活动 7.胜地毓英贤——名人游桂湖照片展 8.桂湖有奖猜灯谜活动	新都区桂湖东路89号（新都桂湖）杨升庵博物馆	10月1日—10月14日
39	新都博物馆	1.璀璨新都——新都出土文物系列展（免费参观）2.新都名人馆（免费参观）	新都区桂湖东路89号（新都桂湖）新都博物馆	10月1日—10月14日
40	火锅的那些事	1.向游客展示龙腾火锅文化博物馆从全国各地收集的关于火锅制作的古老设备的藏品，见证火锅行业发展历程 2.向游客展示龙腾企业文化风采，并通过一系列活动增加游客关于火锅底料、火锅的知识和体验 相关活动含：论坛、讲解、沙龙、互动、体验	成都市温江区海峡科技园区温泉大道4段888号	10月1日—10月14日

序号	活动名称	活动内容	活动地址	活动时间
41	鱼凫温江历史文化展	分古蜀遗踪、秦汉乐土、唐宋盛世、明清风化四个部分展出新石器时代、商州、秦汉、唐宋、明等各个历史时期的出土文物及250余件馆藏精品金石书画 相关活动含：论坛、讲解、沙龙、互动、体验	成都市温江区文庙街6号	10月1日—10月14日
42	欢乐泰迪，欢度国庆	分历史馆、中国馆、世界馆、海的世界、艺术之熊、熊猫园、雕刻廊、韩流馆和错视空间、互动空间、彩绘空间12个主题场馆展示来自世界各地极其珍贵的限量版泰迪熊，传递百年悠久的泰迪文化 相关活动含：论坛、讲解、沙龙、互动、体验	成都市温江区金马太极大道555号	10月1日—10月7日
43	带你走进服饰背后的文化	展示雷迪波尔从全世界收集的关于服装制作古老设备的藏品，见证服装行业发展历程 相关活动含：论坛、讲解、沙龙、互动、体验	成都市温江区新华大道二段199号	10月1日—10月14日
44	艺家国际艺术节	1.聚集20~30个国际版画艺术家的作品展览，配套版画艺术创作和欣赏的2场讲座 2.中非艺术家合作作品展 3.展示SAYA精英青年艺术家扶持项目获奖艺术家作品 相关活动含：论坛、讲解、沙龙、互动、体验	成都市高新区天仁北二街299号	10月1日—10月14日
45	中药保健养生知识宣传	1.开展中药健康知识宣传，包括中药保健知识易拉宝及道场川药材的展出、发放食疗知识宣传小册子和药用植物彩页、宣讲中药保健的知识及为参观人员播放科普视频影像等 相关活动含：论坛、讲解、沙龙、互动、体验	成都高新西区迪康大道1号成都中药博物馆	10月1日—10月14日
46	“文轩·新象”当代艺术百人邀请展	大型策划展，参展艺术家150人，参展作品200余件 相关活动含：论坛、讲解、沙龙、互动、体验	成都高新区天府大道中段新会展中心时尚天堂街208-1（文轩美术馆）	10月1日—10月14日
47	道教文化陈列与道教文化论坛	道教文化的发展与传播 相关活动含：论坛、讲解、沙龙、互动、体验	成都高新西区天朗路55号	10月1日—10月14日

序号	活动名称	活动内容	活动地址	活动时间
48	草叶间的宇宙——昆虫世界	博物馆展示出上万件昆虫标本 相关活动含：论坛、讲解、沙龙、互动、体验	都江堰市青城山前山游客中心	10月1日—10月7日
49	乌木艺术展	博物馆展示出数百件乌木艺术品 相关活动含：论坛、讲解、沙龙、互动、体验	都江堰市中兴镇花木城内	10月1日—10月7日
50	皮影等文物展	皮影、木雕、家具、木偶、刺绣等民俗文物标本 相关活动含：论坛、讲解、沙龙、互动、体验	都江堰市中兴镇花木城	10月1日—10月7日
51	彭州市工业开发区家纺服装创意设计展	新型服装创意设计成果展（服装创意设计一条街） 相关活动含：论坛、讲解、沙龙、互动、体验	彭州市工艺开发区服装产业园区	10月1日—10月14日
52	彭州市桂花镇桂陶艺术节	陶艺制品精品展销（盘龙工艺陶瓷厂）、青少年陶艺创意体验周（龙窑） 相关活动含：论坛、讲解、沙龙、互动、体验	桂花镇双红村14队、利济村	10月1日—10月14日
53	彭州市牡丹生态文化节	牡丹传统文化精品书画、蜀绣制品展销、牡丹基地建设园区的体验月 相关活动含：论坛、讲解、沙龙、互动、体验	丹景山镇牡丹园片区葛仙山镇	10月1日—10月14日
54	彭州市民间艺术精品展	精品剪纸、刻画、竹雕、乌木制品艺术展 相关活动含：论坛、讲解、沙龙、互动、体验	市文化艺术长廊（金彭西路393号）	10月1日—10月14日
55	彭州市历史文物精品展	彭州历史文物精品展示 相关活动含：论坛、讲解、沙龙、互动、体验	市博物馆（金彭西路403号）	10月1日—10月14日
56	“唯美罨画”展	“唯美罨画”论坛、游客体验、摄影作品展、藏品展示 相关活动含：论坛、讲解、沙龙、互动、体验	崇州市大东街54号	10月1日—10月14日
57	古典家具展	明清以来古典家具展示、讲解、交流、家具制作、家具修复等	崇州市羊马镇鹤兴路184号	10月1日—10月14日

序号	活动名称	活动内容	活动地址	活动时间
58	丁志云竹编工作室	四川省非物质文化遗产——道明竹编技艺及作品展示 相关活动含：论坛、讲解、沙龙、互动、体验	崇州市道明镇龙黄村9组	10月1日—10月14日
59	街子古镇	国家AAAA级景区，四川省历史文化名镇 相关活动含：论坛、讲解、沙龙、互动、体验	崇州市街子镇银杏广场	10月1日—10月14日
60	元通古镇	四川省历史文化名镇，商会会馆建筑 相关活动含：论坛、讲解、沙龙、互动、体验	崇州市元通镇文化新街惜字宫	10月1日—10月14日
61	贺麟文化展示	1.书法展、摄影展、贺麟哲学讲座 2.川剧座唱、戏剧表演 相关活动含：论坛、讲解、沙龙、互动、体验	金堂县五凤镇金箱村一组	10月1日—10月14日
62	五凤溪民俗文化展示	1.五凤溪文学征文比赛 2.五凤溪摄影采风活动 3.关圣宫川剧表演 4.五凤溪美食购物展 5.文明旅游志愿讲解 6.五谷场会 相关活动含：论坛、讲解、沙龙、互动、体验	金堂县五凤镇五凤溪移民广场、五凤溪关圣宫	10月1日—10月14日
63	云顶山祈福登山	1.登山观光活动 2.云顶石城历史文化展览 3.养生文化宣讲 4.宗教文化展示 5.农家休闲体验 相关活动含：论坛、讲解、沙龙、互动、体验	金堂县淮口镇云顶村、光荣村	10月1日—10月14日
64	印象栖贤	1.高山露营活动 2.登山寻宝活动 3.亲子闹菜园活动 4.栖贤生态农产品展 5.“醉”美栖贤活动 相关活动含：论坛、讲解、沙龙、互动、体验	金堂山公园、盐井场镇、尖山老牛坡	10月1日—10月14日
65	成都浓园创意季	1.艺丛识趣（朱常棣、万一宾、张自启三人国画联展）2.琴棋书画艺、乐在浓园中 3.梦回汉唐（汉服文化推广）4.艺术一家的艺术生活 5.墨近诗心——刘云泉国画精品展 相关活动含：论坛、讲解、沙龙、互动、体验	成都市双流县金河路四段白河公园天艺·浓园艺术生活体验馆	10月1日—10月14日
66	四川省三都博物馆展示暨现场书画笔会与文物鉴定沙龙	1.四川省三都博物馆馆长高兴华代表承办方主持 2.请四川省文学艺术研究会书画研究中心研究员及华阳书画院书画家现场笔会、四川省收藏家协会书画专委会为观众藏品进行鉴定、鉴赏，与观众交流互动 3.参观四川省三都博物馆 相关活动含：论坛、讲解、沙龙、互动、体验	成都市双流县协和街道四川省三都博物馆	10月1日—10月14日

序号	活动名称	活动内容	活动地址	活动时间
67	汉轩民俗艺术展示	1.川西民居四合院建筑艺术欣赏 2.巴蜀农耕文化展品欣赏 相关活动含：论坛、讲解、沙龙、互动、体验	成都市双流县金桥镇昆山村八社红昆路汉轩民俗艺术博物馆	10月1日—10月14日
68	川菜文化展示、体验、创新与互动活动	川菜文化展示、体验、创新与互动 相关活动含：论坛、讲解、沙龙、互动、体验	郫县古城镇（成都川菜博物馆）	10月1日—10月14日
69	千年创意文物及非物质文化遗产展览活动	1.望丛博物馆古代创意文物展 2.郫县非物质文化遗产展 3.大华玉器博物馆玉器展 相关活动含：论坛、讲解、沙龙、互动、体验	郫县望丛祠内	10月1日—10月14日
70	川派创意盆景及蟠扎技艺展示活动	川派创意盆景及蟠扎技艺展示 相关活动含：论坛、讲解、沙龙、互动、体验	郫县友爱镇农科村景区	10月1日—10月14日
71	蜀绣创意作品展示及蜀绣技艺现场展示活动	蜀绣创意作品展示及蜀绣技艺现场展示	郫县安靖镇蜀绣公园	10月1日—10月14日
72	川菜文化展示体验高校创意作品展示	1.川菜文化演绎、体验活动 2.高校动漫优秀作品展 3.高校创意设计作品展 相关活动含：论坛、讲解、沙龙、互动、体验	郫县安德镇川菜文化体验园	10月1日—10月14日
73	建川博物馆聚落展	1.博物馆馆长论坛:邀请省市县有关领导、知名专家学者、知名展陈设计机构代表、知名博物馆馆长举行论坛。包括主旨演讲，话题互动演讲等 2.中医文物陈列展中医文物陈列展，展陈中医相关物品 3.地震美术作品陈列展地震美术作品陈列展，展示与“5·12”汶川大地震相关的美术作品 4.长江漂流陈列展长江漂流陈列展，展示长江漂流纪念馆藏品 5.侵华日军罪行陈列展侵华日军罪行陈列展，展出侵华日军罪行相关文件、图片、档案、实物等	安仁古镇建川博物馆聚落（迎宾路2段550号）	10月1日—10月14日

序号	活动名称	活动内容	活动地址	活动时间
74	刘元琥公馆	1.刘元琥公馆“素人画家”联展，展陈国内多名画家作品 2.刘元琥公馆“民族志”特展，展陈全球各民族风土人情物品 相关活动含：论坛、讲解、沙龙、互动、体验	安仁古镇民国风情街刘元琥公馆（大邑县安仁镇树仁街26号）	10月1日—10月14日
75	高明轩民国生活展	高明轩民国生活展，展陈体验民国风情生活场景 相关活动含：论坛、讲解、沙龙、互动、体验	安仁古镇民国风情街高明轩博物馆	10月1日—10月14日
76	川西民国建筑摄影展	川西民国建筑摄影展，展陈全国摄影爱好者拍摄的川西民国建筑作品 相关活动含：论坛、讲解、沙龙、互动、体验	安仁古镇	10月1日—10月14日
77	老电影博物馆展	老电影博物馆展，展陈老电影制作、放映等相关设备 相关活动含：论坛、讲解、沙龙、互动、体验	安仁古镇民国风情街	10月1日—10月14日
78	崔永元电影传奇馆展	1080件与电影相关的藏品展示 相关活动含：论坛、讲解、沙龙、互动、体验	安仁古镇	10月1日—10月14日
79	魏明伦博物馆陈列展	魏明伦的文学世界和独特人生轨迹主题展示 相关活动含：论坛、讲解、沙龙、互动、体验	安仁古镇民国风情街2期6号楼	10月1日—10月14日
80	刘文辉旧居陈列馆展	刘文辉生前物品和人生历程展现 相关活动含：论坛、讲解、沙龙、互动、体验	安仁古镇（大邑县安仁镇金桂街15号）	10月1日—10月14日
81	古玩艺术品展陈	各种古玩艺术品展陈、销售 相关活动含：论坛、讲解、沙龙、互动、体验	安仁古镇古玩一条街	10月1日—10月14日
82	人库、墨库、雕库、影库作品展	1.樊建川人物图片展 2.朱成书法绘画作品展 3.谭云雕塑作品展 4.金平摄影作品展	安仁古镇安仁粮仓	10月1日—10月14日
83	刘氏庄园珍品展陈	展示刘氏庄园收藏的玉器、瓷器、书画作品等 相关活动含：论坛、讲解、沙龙、互动、体验	安仁古镇刘氏庄园景区	10月1日—10月14日

序号	活动名称	活动内容	活动地址	活动时间
84	“5·12”抗震救灾实物展	展陈“5·12”抗震救灾相关实物	安仁古镇建川博物馆聚落	10月1日—10月14日
85	明月国际陶艺村陶瓷艺术品展	1.展示精品陶瓷艺术品三百余件 2.现场展示及体验手工制作陶瓷 相关活动含：论坛、讲解、沙龙、互动、体验	蒲江县甘溪镇明月村12组老窑展览厅	10月1日—10月14日
86	蒲江县博物馆	1.展示铜器、陶器、铁器、石器、木器等文物共计104件 2.展示蒲江县创意发明专利 相关活动含：论坛、讲解、沙龙、互动、体验	蒲江县鹤山镇大北街59号蒲江文庙内	10月1日—10月14日
87	第四批市级非物质文化遗产——蒲砚作品展	展示蒲砚作品近百件 相关活动含：论坛、讲解、沙龙、互动、体验	蒲江县光明乡樱桃山游客接待中心蒲砚文化传承馆	10月1日—10月14日
88	成都创意乡村游	结合创意周“双百总动员”各项目组织创意乡村游 相关活动含：论坛、讲解、沙龙、互动、体验	相关区（市）县	10月1日—10月14日

2014成都创意设计周组委会组织工作架构

（此架构经市政府研究决定，省政府批准）

一、组织机构

支持单位：成都市人民政府

↓

主办单位：市政府新闻办、市商务局、市文化局、市旅游局、市博览局、市经信委、市广新局

↓

承办单位：成都传媒集团、成都市广播电视台、成都文旅集团

↓

执行单位：成都新东方展览有限公司、四川省平面设计师协会、成都市动漫游戏产业协会

↓

成员单位：市委宣传部、市委市政府接待办、市经信委、市教育局、市科技局、市公安局、市城管局、市商务局、市投促委、市文化局、市政府外办、市工商局、市广新局、市安监局、市旅游局、市政府新闻办、市文产办、市国安局、团市委、市博览局（市贸促会）、市档案局、成都传媒集团、成都市广播电视台、成都文旅集团

成都高新区管委会、天府新区成都片区管委会，锦江区、青羊区、金牛区、武侯区、成华区、大邑县人民政府

四川省平面设计师协会、成都新东方展览有限公司

二、工作架构

（一）成立由市政府分管领导任主任的成都创意设计周组委会，统筹协调推进各项筹备工作。

主任：市委分管领导、市政府分管副市长

↓

副主任：市政府分管服务业副秘书长
市政府分管安保工作副秘书长

↓

成员：市委宣传部分管文产工作负责同志、市经信委主要负责同志、市教育局主要负责同志、市科技局（市知识产权局）主要负责同志、市商务局主要负责同志、市投促委主要负责同志、市文化局主要负责同志、市工商局主要负责同志、市广新局主要负责同志、市旅游局主要负责同志、市博览局主要负责同志、市档案局主要负责同志、市政府外办主要负责同志、成都高新区管委会分管负责同志、锦江区分管负责同志、青羊区主要负责同志、金牛区主要负责同志、武侯区主要负责同志、成华区主要负责同志、大邑县主要负责同志、成都传媒集团主要负责同志、成都市广播电视台主要负责同志、成都文旅集团主要负责同志、成都新东方展览有限公司负责同志

组委会办公室设在成都传媒集团（新东方展览公司），曾敏同志兼任办公室主任，庄光誉同志任常务副主任，张金泉、和育东、刘红钢、段后雷任副主任。

（二）组委会办公室下设六个工作组。

1. 综合会务组（组长：刘红钢）。

牵头部门：市博览局。

成员单位：市文化局、市商务局、成都传媒集团、新东方展览公司等。

2. 活动统筹组（组长：庄光誉）。

牵头单位：市文化局。

成员单位：市政府新闻办、市经信委、市科技局、市投促委、市广新局、市工商局、相关区县人民政府、新东方展览公司、省平面设计师协会等。

3. 宣传推广组（组长：曾义）。

牵头单位：市政府新闻办。

成员单位：市城管局、成都传媒集团、成都市广播电视台等。

4. 政策协调组（组长：张金泉）。

牵头单位：市商务局。

成员单位：市文化局、市经信委、市投促委等。

5. 安保组（组长：王平江）。

牵头单位：市公安局。

成员单位：市国安局、市安监局等。

6. 邀请接待组（组长：和育东）。

牵头单位：市旅游局。

成员单位：市委市政府接待办、市政府外办、团市委、相关市级部门、相关区县人民政府等。

（三）活动统筹组下设“8+1”活动组。

1. 成都创意设计产业展览会。

牵头人：王 欣

执行单位：成都新东方展览有限公司、成都卡弗科技有限责任公司

2. 2014中国文化产业新年论坛成都峰会。

牵头人：刘红钢

执行单位：北京大学文化产业研究院、成都传媒集团

3. 双百创意总动员。

牵头人：高润强

执行单位：市旅游局

4. 创意成都奖。

牵头人：庄光誉　代　振

执行单位：成都先锋传媒文化有限公司

5. 大师设计成都。

牵头人：段后雷

执行单位：成都先锋传媒文化有限公司

6. 全球彩绘大熊猫。

牵头人：黄大超

执行单位：成都市广播电视台

7. 2014创意城市网络成都会议。

牵头人：张金泉

执行单位：市商务局

8. 成都艺术品保税仓库揭牌仪式。

牵头人：张金泉

执行单位：市商务局

9. 《成都市文化创意和设计服务与相关产业融合发展行动计划（2014—2020）》。

牵头人：张金泉

执行单位：市商务局

后记

《创意成都》一书得以出版，得益于2014成都创意设计周组委会的关心与指导，也是成都市商务局、文化局、广新局、旅游局、文产办、博览局等多部门与区（市）县整合优势资源通力协作的结果。应该说，《创意成都》一书是伴随着2014成都创意设计周大活动的准备进展而成熟和完善的，该书除了对活动主题的反映与报道，更以叙事的角度讲出了成都有代表性的创意机构、人物的创意故事，展示了成都的创意基础与环境，并升华到创意与城市关系的理论高度。由于时间紧、内容多，该书凝聚了成都时代出版社、《读城》杂志编辑部众多编辑、记者的心血，也得到了广大创意机构、创意人物、活动相关参与机构的支持与配合，在此，我们对为本书提供了帮助的单位、个人致以最真诚的感谢和真挚的敬意。

《创意成都》一书出版后，我们并不会停止对创意城市的思考和关注。创意设计产业对成都经济和社会发展的贡献力正逐步增加，且潜力巨大，文化产业作为国民经济支柱性产业被正式列入十八大报告，文化创意产业的软实力与实体经济一样，已成为国民经济发展格局中一个不可或缺的组成部分。让一个有创意基因的城市，更好地顺势而为，始终是我们不懈奋斗的事业。因此，《创意成都》的后续版本也会随着我们对成都创意产业的深入理解而陆续推出，我们也会以更新颖的角度、更独到的见解、更透彻的思考来完善以后的《创意成都》，届时也请社会各界支持和关注。由于2014版《创意成都》一书组稿时间较短、编辑水平有限，且对创意城市的理解有所局限，难免有不少瑕疵和纰漏，恳请社会各界多多批评指正。